JN485194

유럽연합 인공지능법

잠재의식적 AI 시스템에 대한 규제

ROSTAM J. NEUWIRTH 저
명순구·이성환·류채연 역

박영사

역자 머리말

오늘날 인공지능은 단순한 도구적 수준을 넘어 인간의 일상적 행위 양식은 물론 사회 제도를 재편하는 핵심 요인이다. 인공지능이 인간의 사고, 감정, 선택에 결정적 영향을 미치고, 특히 잠재의식적 AI 시스템(subliminal AI systems)은 인간이 인지할 수 없는 형식으로 개인의 의사결정 과정과 행동을 조정할 수 있다는 점에서 사회적 · 법적 논쟁의 중심에 있다. 1990년대 인간 게놈 프로젝트(Human Genome Project)에서와 마찬가지로 AI 정책 프레임워크에서 ELSI(Ethical, Legal and Social Implications) 이슈가 중요한 이유이다.

잠재의식적 AI 시스템은 단순히 외부 환경을 재구성하는 기술이 아니라 인간의 의식 수준에 도달하기 이전의 심리 · 인지 과정에 개입함으로써 전통적 법규범이 전제하고 있는 "자율적 행위자"라는 개념 자체를 흔들 수 있다. 잠재의식적 AI 시스템은 인간의 존엄성, 사상과 양심의 자유, 개인정보에 대한 자기결정권과 같은 근본적 가치와 직접 맞닿아 있다. 이런 시각에서 우리는 Rostam J. Neuwirth 교수의 저서 『The EU Artificial Intelligence Act, Regulating subliminal AI systems』에 주목하였다. 저자는 잠재의식적 자극 기법을 사용하는 AI 시스템에 대하여 역사, 법, 윤리, 신경과학 등의 여러 핵심 관점에서 논의를 전개하였다. 매우 전문적인 참고문헌을 적절하고 풍부하게 인용하면서도 결코 난해하지 않은 방식으로 간명하게 설명하고 있다. Neuwirth 교수는 일찍이 『Law in the Time of Oxymora: A

Synaesthesia of Language, Logic and Law』(Routledge, 2018) 출간을 비롯하여, 법과 언어, 인지, 예술, 문화, 사회, 기술 간의 연관성을 탐구하면서 현대의 글로벌 법적 문제에 천착한 권위자다운 면모를 보여주었다.

저서의 논의는 유럽연합의 「Artificial Intelligence Act, AIA」 제정과 깊은 연관을 가지고 있다. AIA는 AI의 적용에 따른 윤리적, 법적, 사회적 영향에 대응하기 위해 마련된 최초의 포괄적 규범이다. EU는 2021년 4월 집행위원회(EC)의 AI 법안 제안을 시작으로, 2022년 12월 EU 이사회의 검토, 2024년 3월 유럽의회(EP) 통과, 2024년 5월 유럽이사회 최종 승인을 거쳐 현재 단계적으로 AIA를 시행하고 있다. 그런데 저서는 EU 유럽집행위원회(European Commission)의 제안을 바탕으로 EU 이사회(Council of the EU)가 발표한 수정안을 기준으로 서술하고 있다. 이 번역서에서는 이러한 사정을 해당 관련 부분에서 역자주를 통해 원문을 수정 · 보완하였다. 시간상의 차이에도 불구하고 이 책은 잠재의식적 자극 기술을 활용한 AI 시스템에 관한 논점을 이해하기에 매우 유용한 안내서이다.

잠재의식적 AI 시스템에 관한 논의는 기술 그 자체에 대한 판단이 아니라, 기술을 수용하고 통제하는 사회적 · 법적 규범의 정당성을 어떻게 확보할 것인가에 관한 물음으로 귀결된다. 이 역서가 다양한 분야의 사람들이 그 해답을 모색하는 유용한 계기가 되길 기대한다.

끝으로, 이 책의 사회적 의미를 깊이 이해하고 적극적으로 출판해 주신 박영사에 깊은 감사를 드린다.

역자를 대표하여
2025년 9월
명 순 구

머리말

코로나 19가 팬데믹으로 선언된 지 2년이 지났고, 그동안 바이러스의 확산을 막기 위해 취해진 여러 가지 대응들이 인공지능과 같은 신기술의 사용과 개발을 가속화한 것으로 알려져 있습니다. 또한 이러한 새로운 기술들의 사용은 팬데믹처럼 우리 삶의 공적, 사적 영역의 조직 방식을 급격하게 변화시키고, "새로운 정상"(New normal)을 만들어낸 것으로 보입니다. 하지만 법규범 내에서 이러한 급격한 변화의 깊고 장기적인 효과가 눈에 띄고 이해되는 데에는 일반적으로 시간이 걸립니다.

법은 변화의 대처에 과학, 기술, 언어에 의해 제공되는 초기 경고 시스템으로 큰 이점을 가집니다. 이 세 가지가 결합되어 미묘하거나 잠재의식적인 경향성에 대한 중요한 통찰을 제공하는데, 이것은 언젠가 반드시 그 모습을 드러낼 것입니다. 저는 『Law in the Time of Oxymora: A Synaesthesia of Language, Logic and Law』(Routledge, 2018)를 저술하는 과정에서 이 점에 대한 믿음이 강해졌으며, 2017년 10월 10일 초안이 작성된 이 책의 서문을 최근에 다시 읽었을 때 그 믿음이 확실해졌습니다.

> "이 세상에서 변화의 복잡성 및 가속화된 변화 속도는 - 마치 새로운 팬데믹처럼 - 법을 위협하며, 특히 법적 확실성과 예측 가능성을 제공하는 수단으로서의 법치주의를 약화시킬 위험이 있습니다."

그 당시 저는 "팬데믹"이라는 단어가 은유적으로 사용되는 것에 대해 제대로 알지 못했고, 심지어는 진정한 의미에서의 또 다른 세계적인 팬데믹의 발생을 예상하지 못했습니다. 그러나 지금 되돌아보면, 그러한 은유와 모순어법에서 감지된 언어의 변화는 —기술의 변화처럼— 결국에는 드러나게 될 숨겨진 경향성에 대한 신뢰할 수 있는 지표를 제공했음을 깨달았습니다. 미묘한 언어적인 변화는 마치 "잠재의식적 메시지" 또는 "숨겨진 설득자"처럼 기능하는 것 같습니다. 이러한 의미에서 "인공지능"이라는 용어(그리고 신기술들과 관련된 수많은 다른 개념들이)가 반복적으로 모순어법(oxymoron, 역자주: 새로운 기술은 법적 확실성과 안정성을 위협하므로 법과의 관계에서 모순관계에 있음을 뜻함)으로 설명되어 온 것 또한 우연이 아닙니다.

이러한 겉보기상의 우연이 이 책의 바탕이 되는 연구에 대한 저자의 관심을 유발했습니다. 이 연구는 유럽연합의 「인공지능법」(Artificial Intelligence Act) 초안 발표에 의해 영감을 받았으며, 특히 그 법안에서 제안된 "사람의 의식 밖에서 잠재의식적 자극 기법을 사용하는 인공지능 시스템의 사용 금지"에 의해 영향을 받았습니다. 제 견해로는 이 계획된 금지가 인공지능의 향후 규제에 있어 핵심적인 질문을 제시하는데, 왜냐하면 이러한 금지는 신기술들이 다양한 감각 채널을 통해 우리 마음속에 심을 인지적 씨앗에 직접적으로 대응하는 조치이기 때문입니다. 다시 말해 이러한 기술들에 대한 통제는 인간의 마음에 대한 통제를 의미하며, 이 규제가 빅데이터와 다른 기술 및 도구들 또는 응용 프로그램들과 결합할 경우에는 향후 미래에 대한 통제를 의미합니다.

이미 우리는 여러 역사적인 사례를 통해 인지적 변화(cognitive change)는 정치적, 제도적 및 다른 구체적인 변화들이 법과 규제로 발전하여 형성되기 이전에 발생한다는 것을 알고 있습니다. 또한 법은 역설적으로 우리의 사고를 이끌고 행동에 영향을 미치는 "숨겨진" 과정들을 공연히 드러냄으로써 인지적 변화를 이끄는 역할도 합니다. 바로 이 때문에 법은 인공지능이 만들어내는 새로운 가능성들에 적응해야 하고, 이러한 과정은 미래를 예측할 수 있고 심지어 미래를 보여주어 세상을 창조한다고 여겨지는 "디지털 수정 구슬"(digital crystal balls)로 비교되어 왔습니다. 대부분의 새로운 기술들은 소위 "블랙박스 사회" 내에서 우리의 삶을 결정할 뿐만 아니라, 우리 마음의 "블랙박스" 속 깊은 곳까지도 침투합니다. 그러므로 법은 건설적인 반응을 찾는 노력을 시작해야만 하는 것입니다.

이 책은 법과 법적 추론을 위한 새로운 인지적 틀을 찾는 건설적인 노력에 기여하고자 합니다. 모든 관련 사안들의 복잡성을 고려할 때 매우 어려운 과제입니다. 따라서 이 책은 수많은 친구들과 동료들, 그리고 이 책에 인용된 모든 저자들로부터 받은 의견, 도움, 영감, 비판적인 코멘트가 없었다면 불가능한 결과물입니다. Regis De Silva, Pier Luigi Gentili, Sara Migliorini, Tambiama Madiega, Valentin Jeutner, Isselmou Abdarahmane, Risto Uuk, Li Yi에게 이전 버전에 대한 건설적인 의견을 주고, 복잡하고 학제적인 문제들에 대해 더 잘 이해할 수 있도록 도움을 준 것에 대하여 진심으로 감사의 뜻을 전합니다. 그 외에도 Mónica Ariño, Iris Eisenberger, Danny Friedmann, Alison Harcourt, Alexander Hartl, Stefan Rauschenberger, Nathalie Smuha, Riccardo Vecellio Segate에게 감사의 말씀을 전합니다.

마카오대학교 법학부 Dean Tong Io Cheng, Wei Dan, Augusto Teixeira Garcia, Tu Guangjian, Perumal Ramaswamy, Alexandr Svetlicinii, Zhai Xiaobo, Du Li, Vera Lucia Raposo, Isabel Mousinho de Figueiredo, Celia Filipa Ferreira Matias, Wenhua Xu, Chen Zhijie, Denis de Castro Halis 교수님께도 과거, 현재, 그리고 미래에 걸쳐서 이루어진 많은 유익한 논의들에 특히 감사드립니다. 저는 마카오대학교 인문사회과학 고등연구원(Institute of Advanced Studies in Humanities and Social Sciences, IAS)과 그 연구원들이 Billy K.L. 부총장님이 주재하고 Amy Vong이 세심하게 운영하는 회

의에서 학제 간 대화를 촉진하는 데 중요한 역할을 했음을 특별히 강조하고 싶습니다.

또한 저는 IAS의 첫 번째 연례 학술대회인 "학제 간 성찰: 중국 이야기와 예술·과학 간 대화"(Reflections across Disciplines: The China Story and Dialogue between Arts and Sciences)에 참여하면서 중요한 영감을 얻었으며, 특히 Yu Xingzhong 교수님의 "지능형 기술과 법률 간의 대화"(Dialogue between Intelligent Technology and Law) 발표에서 큰 영향을 받았습니다. 마찬가지로 인지 및 뇌과학 연구센터(Center for Cognitive and Brain Sciences, CCBS)의 중요한 조언을 받을 수 있도록 해준 Zhen Yuan 교수님과 Haiyan Wu 교수님의 지원에도 감사드립니다. 마카오대학교에서 지원받은 다년도 연구비(Multi-Year Research Grant)를 통해 "'과학 소설'로서의 법: AI 및 기타 신기술이 가져올 미래 규제 과제"(Law as 'Science Fiction': Future Regulatory Challenges from AI and other New Technologies, MYRG2019-00017-FLL) 연구를 수행할 수 있었음에 감사드립니다.

대학교 외 공동 편집자인 Colin Picker, Junji Nakagawa, Meredith Kolsky Lewis, Peter-Tobias Stoll 및 모든 기여자들에게도 함께 편집한 저서『A Post-WTO International Legal Order: Utopian, Dystopian and Other Scenarios』(Springer, 2020)에서 영감을 얻어 유토피아적 및 디스토피아적 방식으로 미래 연구에 몰두할 수 있게 된 것에 대해 특별한 감사를 전합니다. 또한 마카오 내 유엔대학교(UNU) 연구소의 Jingbo Huang, Serge Stinckwich, Mamello Thinyane에게도 저를 이 책과 관련된 많은 중요한 행사들에 참여토록 해주신 것에 대해 깊이 감사드립니다.

법과 기술 논쟁뿐만 아니라 법률 공감각(legal synaesthesia) 개념을 뒷받침하는 법률 기호학(legal semiotics) 분야에 중요한 영감을 주신 Keiran Tranter (*Law, Technology and Humans* 저널의 편집장) 그리고 Anne Wagner와 Sarah Marusek(*International Journal for the Semiotics of Law* 및 *Law and Visual*

Jurisprudence 도서 시리즈의 편집자)에게도 이 혁신적이고 자극적인 프로젝트에 저를 포함시켜 주신 것에 감사하다는 말씀을 전합니다.

익명의 심사위원들께도 유용한 피드백을 주신 것에 대해 감사드리며, Siobhán Poole, Sanjo J. Puthumana, Dominic Corti에게도 신속한 출판 과정 진행을 도와주신 것에 대해 감사드립니다.

마지막으로 멀리서나마 저를 항상 지지해 주시는 모든 친구들과 가족들에게도 깊은 감사를 드립니다. 특히 Iris Neuwirth와 그녀의 전체 가족, Olga Neuwirth, Gösta Neuwirth, Harald Neuwirth, Holger Neuwirth, Martin Kleiner, Stefan Meyer, Peter Griss, Robert Schutze, 그리고 Daniel and Brigitte Hollegha에게 감사드립니다. 마찬가지로 저의 배우자인 Pui Mang Cheong과 우리 아이들 Elam J.와 Lea J.에게도 그들의 지원과 영감 덕분에 이 책을 완성할 수 있었음에 깊은 감사를 전합니다.

2022년 3월 20일
마카오에서
Rostam J. Neuwirth

차 례

[책소개]

인공지능(AI)은 다른 혁신적 기술들과 결합하여 삶의 모든 영역에 전례 없는 기회를 가져올 것을 기약하고 있다. 그러나 이러한 기술들은 특히 인간 정신을 조작할 수 있는 위험성을 내포하고 있어, 심각한 윤리적 문제를 야기하고 있다. 이러한 문제를 해결하기 위한 부문별 규제 노력은 있었으나, AI에 대한 포괄적인 규제 체계는 아직 채택되지 않았다. 다만, 2021년 유럽연합 집행위원회(EU Commission)는 「인공지능법」 초안을 발표하였고, 뒤를 이어 유네스코(UNESCO) 또한 「인공지능 윤리에 관한 권고안」을 채택하였다.

이 책은 인공지능의 미래 규제에 대한 맥락을 제시하며, 특히 잠재의식에 영향을 미치는 기술을 사용하는 AI 시스템의 사용을 금지하려는 계획과 관련된 규제적 도전 과제를 중점적으로 다룬다. AI는 이미 뇌-컴퓨터 인터페이스, 기능적 자기공명영상(fMRI), 로봇공학, 빅데이터 등 다양한 관련 기술들과의 융합을 통해 뇌 스파이웨어를 활용한 “마음 읽기”나 “꿈 해킹”을 가능하게 하고 있으며, 이 밖에도 인지 과정 및 사상의 자유에 침해하는 여러 행위들을 가능하게 하고 있다. 미래의 혁신은 사고와 행동을 조작할 수 있는 가능성을 더욱 확대시킬 것이며, 이는 개인뿐만 아니라 사회 전체에 심각한 해를 끼칠 수 있는 위험이 있다.

잠재적 인식을 통해 인간의 의식을 인지하지 못하는 수준에서 속이고 조작할 수 있는 능력은 법과 민주주의에 커다란 어려움을 야기하며, 사회의 미래에 중요한 질문을 던진다. 이 책은 인지적 · 기술적 · 법적 문제들이 본질적으로 연관되어 있음을 보여주며, 법학뿐만 아니라 컴퓨터 과학, 신경과학, 사회학, 정치학, 마케팅, 심리학 등 다양한 학문 분야에 관심을 가진 학생, 학자, 실무자, 정책결정자, 시민 간의 긴급히 요구되는 학제적 · 국제적 논의를 자극하고자 한다.

[저자소개]

로스탐 J. 노이워트(Rostam J. Neuwirth)는 마카오대학교 법과대학 글로벌 법학과의 교수이며 학과장이다. 그는 과거 인도 Kolkata의 West Bengal 사법학대학교(NUJS), Raipur의 Hidayatullah 국립법과대학교(HNLU)에서 강의하였고, 오스트리아 연방 외교부 국제법국 유럽법 부서에서 법률고문으로도 근무하였다. 그는 이탈리아 피렌체의 유럽대학교연구소(EUI)에서 박사학위(PhD)를 받았으며, 캐나다 몬트리올의 맥길대학교 법과대학에서 법학석사(LL.M.) 학위를 취득하였다. 학부과정은 오스트리아 Graz 대학교와 프랑스 Auvergne 대학교에서 수학하였다. 그는 『Law in the Time of Oxymora: A Synaesthesia of Language, Logic and Law』(Routledge, 2018)을 비롯하여, 법과 언어, 인지, 예술, 문화, 사회, 기술 간의 본질적인 연관성을 탐구하면서 현대의 글로벌 법적 문제에 천착하는 다수의 저술을 출간하였다.

서 론

서 론

"옛 법은 행동을 억제하지만, 새로운 법은 마음을 통제한다."[1]

"마음을 통제하지 않으면, 마음이 당신을 통제한다"는 속담이 있다. 만약 당신이 마음을 통제하지 않으면, 다른 누군가는 당신의 마음을 대신 통제할 가능성이 있다는 것이다. 이러한 경우 마음을 통제하고 조작하려는 시도들로부터 마음의 자유를 보장하기 위해서 법이 개입해야 하는가라는 근본적인 의문을 가지게 된다. 사실 법은 이미 다양한 형태의 간섭으로부터 마음을 보호하는데, 가장 일반적인 예시로는 사상과 양심에 대한 자유권이 있다. 나아가 마음을 잠재적으로 해롭고 조작적인 간섭으로부터 보호하는 구체적인 법규로는 잠재의식적 상업 광고의 금지나 가짜 뉴스(fake news)에 대한 규제도 있다.

하지만 급속한 기술 혁신이 이루어지는 현시점에서 중요한 질문은 법이 다른 신경마케팅(neuromarketing), 추천 시스템, 뇌 스파이웨어(brain spyware)와 같은 분야나 관련 현상에서 유사한 조작적 관행을 규율하기에 충분한가? 하는 것이다. 다시 말해 법은 삶에서 인간 존엄성과 같은 필수적인 영역에서의 인지적 자유를 보호할 수 있는지, 아니면 우리는 "개인적 사상"이라는 것이 이미 모순어법(oxymoron)이 된 시대를 살고 있는지에 대한 질문을 가져야 한다. 이 질문은 특히 인공지능(AI)이라는 신기술과 관련이 있는데, 관련 기술들은 "잠재의식적 자극"(subliminal priming)이라고 알려진 다양

---

1 Thomas St. Aquinas, *The 'Summa Theologica' of St. Thomas Aquinas* (New York: Benziger Brothers, 1915) 18.

한 방법들을 통해 마음에 영향을 미치기 때문이다. 잠재의식적 자극이란 "인지적 과정에서 후속 발생 확률을 변화시키는 인식의 임계점에는 미치지 못하는 자극"을 의미한다.[2] 법과 특히 법 집행에 있어서는 잠재의식적 현상의 문제가 감지할 수 없는 것들을 어떻게 감지할 것인가? 라는 역설적인 딜레마를 만든다.

이 역설(paradox)에 답하려면 잠재의식상 해롭거나 조작적인 간섭으로부터 마음을 보호하는 법과 규제의 역할에 대해 새로운 접근을 해야 한다. 먼저 각기 다른 법률과 법학 분야 간에 상호 조정을 통해 더 나은 일관성을 확보해야 한다. 동시에 법학과 다른 과학 분야, 특히 신경과학과의 긴밀한 협력이 필요하다. 요컨대, 신경과학은 법에 있어서 매우 중요한 의미를 갖는다.[3] 간단히 말해 신경과학은 뇌와 마음에 초점을 맞추며, 법과 규범성은 바로 이들로부터 발현된다. 그렇다면 반대의 경우는 어떠한가?[4] 법도 신경과학에 있어서 중요한 의미를 가지는가? 만약 그렇지 않다면 그렇게 되어야 할 것이다. 여기서 주목해야 할 점은 우리의 삶과 의사결정에 있어 의미를 갖는 인공지능이 점점 더 정교해지면서, 인간의 존재에 미치는 영향에 대해 면밀히 감시하고 다양한 형태의 인공지능을 어떻게 규제하는 것이 가장 적절한지를 심도있게 법적으로 논의할 필요가 있다는 것이다. 구체적으로 "정신적 프라이버시와 인지적 자유"(mental privacy and cognitive liberty)를 일관되게 발전시키는 관점에서는, 단순히 인공지능 자체를 규제하는 것뿐

---

2 Gary R. VandenBos (ed.), *APA Dictionary of Psychology*, 2nd ed. (Washington: American Psychological Association, 2015) 1044.

3 Antonio D'Aloia, "Law Challenged. Reasoning About Neuroscience and Law" in Antonio D'Aloia and Maria Chiara Errigo (eds.), *Neuroscience and Law: Complicated Crossings and New Perspectives* (Cham: Springer, 2020) 1-36, 1.

4 Michael S. Pardo and Dennis Patterson, *Minds, Brains, and Law: The Conceptual Foundations of Law and Neuroscience* (Oxford: Oxford University Press, 2013) xiii, and Rostam J. Neuwirth, "Law as Mnemonics: The Mind as the Prime Source of Normativity" (2008) 2(1) *European Journal of Legal Studies* 143-182, 144.

만 아니라 사상과 양심의 자유권과 같은 몇몇 기본권을 다시 검토하는 것이 필요할 수 있다. 동시에 인간의 마음에 대한 과학적인 이해가 진전되어 가므로, 완전히 새로운 법적 개념을 도입하거나 기존 법적 개념을 진화적으로 해석할 필요도 있다. 이것은 인공지능 자체의 목표가 바로 인간의 마음 기반과 작동 메커니즘을 이해하고 이를 "인공적으로 재현하는 것"임을 고려하면 특히 중요한 지점이다.[5]

학문적인 논의에서 법과 신경과학 간의 연관성에 대한 관심의 증가나 "신경법학"(neurolaw)이라 불리는 초학제적(transdisciplinary) 연구 분야에서 이러한 경향을 확인할 수 있다.[6] 인공지능은 이미 사회에 큰 영향을 미치고 있으며, 인공지능 기술이 인간의 뇌로 더욱 깊숙이 침투함에 따라 규제적인 조치 필요성이 점점 더 시급해지고 있다.[7] 2021년 이전까지는 사회적으로 유익한 인공지능 채택을 위한 윤리적 원칙을 수립하는 이니셔티브를 통해 이러한 조치가 이루어져 왔다. 인공지능을 위한 다섯 가지 윤리적 원칙으로는 **이익(Beneficence)**, **무해성(Non-maleficence)**, **자율성(Autonomy)**, **정의(Justice)**, **설명 가능성(Explicability)**이 있다.[8] 당시까지는 구체적인 측면에서 적절한 대응이 없었기에 관련 입법 또는 규제적 노력이 결합될 필요가 있었지만, 장기적으로 이러한 인공지능을 위한 핵심적인 윤리 원칙만으로는 충분하지 않다. 이것이 2021년 4월 발표된 유럽연합 집행위원회(EU Commission, 아래에서는 "EC"로 표현함)의 EU AIA 제정안이 AI 규제를 위한 주

---

5 Pier Luigi Gentili, "The human sensory system as a collection of specialized fuzzifiers: A conceptual framework to inspire new artificial intelligent systems computing with words" (2014) 27 *Journal of Intelligent & Fuzzy Systems* 2137-2151, 2137.

6 Arian Petoft and Mahmoud Abbasi, "A Historical Overview of Law and Neuroscience: From the Emergence of Medico-Legal Discourses to Developed Neurolaw" (2019) 10(2) *Journal on European History of Law* 15-33, 15.

7 Eduardo Magrani, "New perspectives on ethics and the laws of artificial intelligence" (2019) 8(3) *Internet Policy Review* 1-19, 15.

8 Luciano Floridi and Josh Cowls, "A Unified Framework of Five Principles of AI in Society"(2019) 1.1 *Harvard Data Science Review* 1-15, 1;doi: 10.1162/99608f90.8cd550d1.

요하고 포괄적인 입법적 노력으로 주목받았던 이유이기도 하다.[9] 비록 AIA는 EU 역내에서만 적용되지만, "안전하고 신뢰할 수 있는 윤리적인 AI 개발의 글로벌 리더가 되겠다"는 당시 EU의 포부는 EU의 관할권을 넘어 영향을 미칠 가능성이 클 것으로 전망했다.[10]

이렇게 제안된 AIA는 "AI 역사에서 결정적인 순간"이 될 것으로 예상되었고, 궁극적으로 AI에 대한 세계적으로 구속력 있는 규칙을 포함한 최초의 포괄적인 입법 조치로 이어졌다.[11]

일반적으로 AIA는 AI를 위한 폭넓고 종합적인 규제 프레임워크를 구축했다고 평가된다. 그러나 이 책에서는 AI의 특정한 측면, 즉 AI 시스템의 잠재적인 조작 효과에 초점을 맞출 것이다. 이것은 AI가 많은 유익한 용도를 가지고 있지만, "오용될 수 있으며, 조작적이고 착취적인 사회적 통제 방식에 새롭고 강력한 수단을 제공할 수도 있다"는 점을 고려한 것이다(역자주: 최종 제정 법률에서는 Regulation (EU) 2024/1689 Recital 28).[12] 따라서 AIA는 다

---

9 European Commission, *Proposal for a Regulation Laying Down Harmonised Rules on Artificial Intelligence* (*Artificial Intelligence Act*), COM (2021) 206 final (21 April 2021) [AIA].

10 European Council, *Special meeting of the European Council* (*1 and 2 October 2020*) – Conclusions, EUCO 13/20 (2 October 2020) para. 13.

11 Thomas Burri and Fredrik von Bothmer, "The New EU Legislation on Artificial Intelligence: A Primer" (22 April 2021); https://ssrn.com/abstra ct=3831424; see also Graham Greenleaf, "The 'Brussels effect' of the EU's 'AI Act' on data privacy outside Europe" (2021) 171 Privacy Laws & Business International Report 1-10, 2, Eduardo Gill-Pedro, "The Most Important Legislation Facing Humanity? The Proposed EU Regulation on Artificial Intelligence" (2021) 1 *Nordic Journal of European Law* iv-x, v, Armen Zh. Stepanyan, "European Artificial Intelligence Act: Should Russia Implement the Same?" (2021) 8(3) *Kutafin Law Review* 403-422, 403, Michael Veale and Frederik Zuiderveen Borgesius, "Demystifying the Draft EU Artificial Intelligence Act" (2021) 22(4) *Computer Law Review* International 97-112, and Vera Lúcia Raposo, "Ex machina: preliminary critical assessment of the European Draft Act on artificial intelligence" (2022) *International Journal of Law and Information Technology* 1-22; https://doi.org/10.1093/ijlit/eaac007.

12 Recital 15 AIA, *supra* note 9.

양한 조작적 관행을 금지하는 조항을 제안함과 동시에, 특히 "개인의 인식 너머에서 잠재의식적 자극 기법(subliminal techniques)이 작동하는 AI 시스템의 사용"을 명시적으로 금지했다(역자주: Regulation (EU) 2024/1689 Art. 5(1) a)).[13]

이 금지 조항은 AI의 여러 중요한 측면 중 하나를 다루고 있지만, 동시에 상당한 어려움에 직면했다. 첫째, 해당 조항에서는 특히 "잠재의식적 기술"(subliminal technique)이라든가 "개인의 행동에 대한 실질적 왜곡"과 같은 개념을 정의하거나 추가적인 설명을 제공하지 않고 있다. 둘째, 각각의 감각을 개별적으로 볼 수도 있고, 모든 감각을 함께 볼 수도 있는데, 이러한 의식적 인식의 절대적 임계점을 설정하는 문제가 남아있다. 공감각(synaesthesia)이라는 개념(어원적으로는 "syn = 함께(together) + aisthe-sis = 지각(perception)", 즉 "함께 느끼다")이 보여주듯,[14] 개별 감각은 독립적으로 작용하는 것이 아니라 상호 영향을 미친다. 따라서 필연적으로 이러한 절대적 임계점이 존재하는지, 혹은 그 임계점이 개인 간(interpersonal) 그리고 개인 내(intrapersonal) 변화에 영향을 받는지에 대한 의문이 발생한다. 셋째, 해당 조항은 "잠재의식적 AI 시스템"(subliminal AI systems)이라는 범주에 무엇이 포함될 수 있는지에 대한 명확한 이해를 요구한다. 이러한 기술적 문제는 해당 조항이 단순히 기존 기술에만 적용되는 것이 아니라 미래 기술의 성격까지 포괄하고 예측하기에 더욱 복잡해진다. 따라서 앞으로 개발 가능성이 높은 잠재의식적 기술을 활용하는 AI 시스템은 어떤 종류인지를 예측하는 것 또한 필요하다.

이러한 어려움을 해결하기 위해서는 개별 감각들이 보다 일관된 전체를

13 Art. 5(1) lit. a) AIA, *supra* note 9 [*Italics* added].

14 Richard E. Cytowic, "Synesthesia: Phenomenology and Neuropsychology: A Review of Current Knowledge" (1995) 2(10) *Psyche: An Interdisciplinary Journal of Research on Consciousness* 1-22, 1.

형성하듯 EU법 체계 전체에 미칠 광범위한 영향을 충분히 고려하고, 동시에 관련 법이 발전하는 과정도 함께 살펴볼 필요가 있다. 마지막으로 AIA는 GDPR(General Data Protection Regulation)[15]에서 나타난 초국경적 "브뤼셀 효과"(Brussels Effect)처럼 더 광범위한 영토적 영향을 미칠 것이므로 규제에 대해 글로벌 차원에서 보다 심도있는 노력을 필요로 할 것이다. 2021년 12월 초 유럽이사회(Council of Europe)의 AI 특별위원회(Ad Hoc Committee on Artificial Intelligence, CAHAI)는 "유럽이사회의 인권, 민주주의 및 법치주의 기준을 기반으로 한 AI 법적 프레임워크의 가능한 요소들"(Possible elements of a legal framework on artificial intelligence, based on the Council of Europe's standards on human rights, democracy and the rule of law)이라는 문서를 채택한 바 있다. 이 문서는 유럽이사회를 위하여 적절한 AI 법적 프레임워크를 마련하기 위한 계획을 개략적으로 제시했다.[16] 이 문서에서는 각료 위원회의 알고리즘 프로세스의 조작 가능성에 대한 종전 선언과 달리 잠재의식적 자극 기법(subliminal techniques)을 언급하지 않았다.[17] 유럽이사회의 더 광범위한 회원들을 고려하면, 이 문서는 AIA보다 더 광범위하게 영향을 미칠 가능성이 있었다.

그러므로 인권과 인간의 존엄성을 보호하고 증진하기 위한 이상적인 시나리오는 2021년 11월 유네스코(UNESCO)가 채택한 "AI 윤리에 관한 권고"

---

15 Regulation (EU) 2016/679 (General Data Protection Regulation), OJ L 119/1-88 (4 May 2016) [GDPR].

16 Council of Europe Ad Hoc Committee on Artificial Intelligence (CAHAI), "News: The CAHAI held its 6th and final plenary meeting" (2 December 2021); https://www.coe.int/en/web/artificial-intelligence/-/outcome-of-cahai-s-6 th-plenary-meeting.

17 Council of Europe CAHAI Secretariat, "Towards Regulation of AI Systems" (December 2020); https://rm.coe.int/prems-107320-gbr-2018-compli-caha i-couv-texte-a4-bat-web/1680a0c17a and Council of Europe, Recital 8 of the *Declaration by the Committee of Ministers on the manipulative capabilities of algorithmic processes* (Adopted by the Committee of Ministers on 13 February 2019 at the 1337 meeting of the Ministers' Deputies); https://search.coe.int/cm/pages/result_details.aspx?ObjectId=090000168092dd4b.

(Recommendation on the Ethics of Artificial Intelligence)의 후속적 대응으로 AI에 대한 포괄적이고 법적 구속력이 있는 표준 설정 도구를 개발하는 것이었다.[18] 유네스코 권고는 AI가 인간의 정신에 미칠 수 있는 잠재적 위험에 대해 다음과 같이 언급하고 있다.

> AI가 사회, 환경, 생태계 및 인간의 삶 —특히 인간 정신— 에 미치는 심오하고 역동적이며, 긍정적 및 부정적 영향을 인식한다. 이는 AI 사용이 인간의 사고방식, 상호작용 및 의사결정에 영향을 미치고, 교육, 인문 · 사회 · 자연과학, 문화, 그리고 커뮤니케이션 및 정보에 영향을 주는 새로운 방식을 만들어내기 때문이다.[19]

유네스코 헌장을 떠올리게 하는 표현을 빌리자면, "인공지능 시스템이 인간의 정신에서 시작되는 만큼, 인간 지성(human intelligence)의 방어 또한 인간의 정신 속에서 구축되어야 한다."[20] 또한 유네스코의 전신이 1921년 국제연맹(League of Nations)에 의해 설립된 "국제 지적 협력 위원회"(ICIC, International Commission for Intellectual Cooperation)였다는 점도 상기할 필요가 있다.[21]

마찬가지로 경제협력개발기구(OECD) 또한 신경기술에서의 책임있는 혁신에 관한 권고안(Recommendation on responsible innovation in neurotechnology)을 채택했으며, 이는 신경기술에 관한 독특한 윤리적, 법적, 사회적

---

18 UNESCO General Conference, *Draft Text of the Recommendation on the Ethics of Artificial Intelligence*, 41st session, Paris, 2021, 41 C/73 (22 November 2021); https://unesdoc.unesco.org/ark:/48223/pf0000378931.

19 Recital 1 of the UNESCO Recommendation on AI [*Italics* added], *ibid*.

20 Recital 1 of the Preamble of the Constitution of the United Nations Educational, Scientific and Cultural Organization, (16 November 1945), 4 U.N.T.S. 275.

21 Rostam J. Neuwirth, "The UNESCO Convention and Future Technologies: "A Journey to the Center of Cultural Law and Policymaking" in Lilian Hanania-Richieri and Anne-Thida Nodorom (eds.), *Diversity of cultural Expressions in the Digital Era* (Buenos Aires: TESEO, 2016) 85-111, 102.

문제의 범위를 경고하고 있다. 이를 잘 보여주는 발췌문은 다음과 같다.

> 이러한 문제들은 (뇌) 데이터 프라이버시 문제, 인간 능력 향상(human enhancement)의 전망, 소비자 직접 판매 기기(direct-to-consumer devices)의 마케팅 규제, 인지 패턴이 상업적 또는 정치적 조작에 취약할 가능성, 신경기술 사용 및 접근성에서의 불평등 심화와 같은 다양한 쟁점을 포함한다. 신경기술을 둘러싼 거버넌스 문제는 기초 뇌 연구, 인지 신경과학 및 기타 뇌에서 영감을 얻은 과학부터 상업화 및 마케팅 문제에 이르기까지 전체 혁신 파이프라인에 영향을 미친다.[22]

동시에 이 권고안은 "뇌와 정신에 대한 다양한 문화적 이해"를 인정하면서, 이것은 "책임 있는 혁신을 실천하는 방식이 다양할 수 있다"는 것을 의미하고 "이러한 다양성은 학습의 기회를 제공한다"고 명시했다.[23]

결론적으로 유럽연합 내에서는 인공지능은 반드시 규제되어야 한다는 점에 대한 광범위한 합의가 존재했다.[24] 유럽연합의 인공지능 규제에 대한 구체적인 입법절차는 유럽연합 집행위원회(EC)가 2021년 4월 21일 EU AIA 초안을 제안하며 시작되었다(역자 부가 설명). 해당 법안에 대해 유럽의회(European Parliament, 아래에서는 "EP"로 표현함)가 의견을 제시하여야 하나, 해당 절차가 지연되자 유럽연합 이사회(Council of the EU)가 먼저 2022년 12월 6일 일반적 접근(general approach) 방식으로 예비적 입장을 발표했다(역자 부가 설명). 그 이후 유럽의회(EP)가 2023년 6월 14일 최종 절충안으로 EU AIA 수정안을 통과시킨다(역자 부가 설명).

AIA 수정안이 승인되자 유럽 집행위원회(EC), 유럽연합 이사회(Council

---

22 OECD, *Recommendation of the Council on Responsible Innovation in Neurotechnology*, OECD/LEGAL/0457 (Paris: OECD, 2021) 5.

23 *Ibid*.

24 Jascha Gllaski, "AI Regulation: Present Situation and Future Possibilities", Liberties (*Civil Liberties Union for Europe*) (8 September 2021); http://www.liberties.eu/en/stories/ai regulation/43740.

of the EU), 유럽 의회(EP) 간 3자 협상이 2023년 12월 8일 진행되었고, 파운데이션 모델에 대한 규제 등의 쟁점에 대한 이견을 조율하여 2023년 12월 9일 잠정 합의안을 도출했다(역자 부가 설명). 이후 세부 수정 작업을 거쳐 유럽의회(EP)는 2024년 3월 13일 본회의에서 공식적으로 최종 법안을 가결하고, 유럽연합 이사회(Council of the EU)가 2024년 5월 21일 이를 최종 승인함으로써 세계 최초로 인공지능에 대한 법이 제정되었다(역자 부가 설명). AIA는 2024년 7월 12일 EU 공보 게재를 거쳐 공표 후 20일이 된 2024년 8월 1일 발효되어 2년간의 유예기간을 거치고 있으며, 단계적 시행을 통해 2026년 8월 2일부터 최종 시행될 예정이다(역자 부가 설명).

이러한 논의는 EU 외에도 미국, 중국(역자주: 중국은 인공지능 분야 전반을 규율하는 일반법은 제정하지 않았지만, ①인터넷정보서비스 알고리즘 추천 관리규정(互联网信息服务算法推荐管理规定, 2021년 11월 16일 제정, 2022년 3월 1일 시행), ②인터넷정보서비스 심층 합성관리규정(互联网信息服务深度合成管理规定, 2022년 11월 25일 제정, 2023년 1월 10일 시행), ③생성형 AI 서비스 관리 임시방법(生成式人工智能服务管理暂行办法, 2023년 5월 23일 제정, 2023년 8월 15일 시행)을 두고 있다), 러시아를 비롯하여 다양한 국가에서 이루어졌고,[25] 한국 역시 2025년 1월 21일 인공지능 발전과 신뢰 기반 조성 등에 관한 기본법을 제정하여 2026년 1월 22일 시행할 예정이다(역자 부가 설명). 그러나 AI 시스템이 활용하는 잠재의식적 자극 기법(subliminal techniques)의 역할에 대한 인식은 아직 미비한 상황이다. 이러한 이유로 이 책은 보다 면밀한 검토와 폭넓은 관심으로 논쟁에 기여하기 위하여, '정신'(mind)의 전반적인 역할과 특히 인공지능의 잠재의식적 자극 기법이 정신에 미치는 영향에 초점을 맞추고자 한다.

---

25 Anton Saveliev and Denis Zhurenkov, "Artificial intelligence and social responsibility: the case of the artificial intelligence strategies in the United States, Russia, and China" (2021) 50(3) Kybernetes 656-675 and Huw Roberts et al., "The Chinese approach to artificial intelligence: an analysis of policy, ethics, and regulation" (2021) 36 AI & Society: *Knowledge, Culture and Communication* 59-77.

이 책은 인공지능 및 다양한 관련 기술에 의해 사용되는 잠재의식적 자극 기법(subliminal techniques)들의 금지 제안과 관련된 다양한 법적 · 과학적 쟁점들을 비판적으로 탐구하고자 한다. 제1장에서는 EU가 제안한 AIA에 대한 간략한 설명을 제공하며, 특히 그 목적과 배경에 초점을 맞춰 검토한다. 이후 잠재의식적 자극 기법을 활용하는 AI 시스템의 사용을 금지하는 조항을 분석한다. 또한 해당 법 조항의 적용 범위와 관련성을 보다 잘 이해하기 위하여 현재 잠재의식적 자극 기법을 활용하고 있거나 앞으로 활용할 가능성이 높은 여러 AI 시스템의 사례를 소개한다.

제2장은 "잠재의식적 심리학"(subliminal psychology) 분야에 초점을 맞추어 심리학, 마케팅 및 관련 과학 분야에서 논의되는 잠재의식적 지각(subliminal perception)에 관한 구체적인 문제를 다룬다. 영화관 관객들에게 특정 간식과 음료를 구매하도록 유도하는 잠재의식적 메시지(subliminal messages)를 상영한 사례를 통해 동기연구 분야에서 새롭게 밝혀진 연구 결과를 살피고, 이로 인해 촉진된 규제 도입 과정을 추적한다. 또한 광고 산업에서 활용되는 "숨은 설득자"(hidden persuaders)의 개요를 설명한 후 잠재의식적 광고를 금지하는 주요 유럽 법률 조항을 소개하고 간략히 논의한다. 나아가 유럽에 국한하지 않고, 예를 들어 음악에서 사용되는 "역방향 마스킹"(backward masking) 기법과 자살 또는 자살 시도가 관련이 있다는 주장과 같은 잠재의식적 메시지가 포함된 추가적인 예시들도 간략히 다룬다.

제3장에서는 현재를 더 넓은 미래로 투영하여, AI 시스템이 활용하는 잠재의식적 자극 기법(subliminal techniques)의 규제 필요성을 비판적으로 검토한다. 법적 측면에서의 분석은 잠재의식적 지각(subliminal perception) 기법을 규제하려는 시도가 다른 법적 도구 내지 법의 영역에 미치는 더 광범위한 영향을 고려한다. 그 과정에서 사상의 자유(freedom of thought)라는 기본권은 주요하지만 유일하지 않은 근본적인 권리로 다룬다. 또한 기호학(semiotics), 언어학(language), 그리고 기술(technology) 분야에서 영감을 받

아, 규제 환경의 급격한 변화에 적응하기 위한 법과 법 교육의 필요성에 대하여 보다 이론적인 평가를 시도한다. 그리고 "법률 공감각"(legal synaesthesia)이라는 용어를 사용하여, 증강현실 기기를 통해 감각의 인식을 향상시키려는 기술적 시도와 법체계에서의 일관성을 높이려는 시도가 조화를 이루도록 감각적 통합의 필요성을 이끌어낸다.

결론에서는 전반적인 AI 규제의 필요성과 관련성에 대한 주요 연구 결과를 통합하는 시도로 마무리하며, 여기에는 특히 잠재의식적 자극 기법의 금지에 대한 논의를 포함한다.

제1장

유럽연합이 제안한 인공지능법

제1장 유럽연합이 제안한 인공지능법

2021년 4월 21일 유럽연합 집행위원회(European Commission)는 「인공지능법 초안」(Proposal for a Regulation Laying Down Harmonised Rules on Artificial Intelligence)을 발표하였다.[1] 이 초안은 현재 및 미래의 신기술 발전의 방향을 설정하고 적극적으로 규제하려는 EU의 노력 중 일부이다. EU가 2016년 「일반 개인정보보호 규정」(GDPR, 역자주: 아래에서는 간략하게 "GDPR"로 표현하기로 함)을 채택한 것이 중요한 첫걸음이 되었다.[2] GDPR은 초국경적 효과 덕분에[3] "여러 관할권과 대륙에 걸쳐 강력한 영향을 미치는 법률"로 평가받고 있다.[4] 기반 기술들이 전반적으로 상호 연결되고 지속적으로 융합하기 때문에, 「디지털 시장법」(Digital Markets Act, DMA),[5] 「디지털 서비스법」(Digital Services Act, DSA),[6] 그리고 특히 「인공지능법」(AIA, 역자주: 아래에서는

---

1 European Commission, *Proposal for a Regulation Laying Down Harmonised Rules on Artificial Intelligence (Artificial Intelligence Act)*, COM (2021) 206 final (21 April 2021) [AIA].

2 Regulation (EU) 2016/679 (General Data Protection Regulation), OJ L 119/1-88 (4 May 2016) [GDPR].

3 Adele Azzi, "The Challenges Faced by the Extraterritorial Scope of the General Data Protection Regulation" (2018) 9(2) *Journal of Intellectual Property, Information Technology and Electronic Commerce Law* 126-137.

4 Gráinne de Búrca, "Introduction to the Symposium on the GDPR and International Law" (2020) 114 *American Journal of International Law*

5 European Commission, *Proposal for a Regulation of the European Parliamenxe and fair markets in the digital sector (Digital Markets Act)*, COM(2020) 842 final (12 December 2020) [DMA].

6 European Commission, *Proposal for a Regulation of the European Parliament and of the*

「인공지능법」 또는 "AIA"로 표현함)과 같이 다른 규제 간에도 상호 간 영향이 예상된다.

AIA의 제정은 칭찬할 만한 입법적 시도이지만, 다자적 맥락에서는 글로벌 이니셔티브가 더 바람직했거나 또는 보완적인 계획으로서 권장될 수도 있었다. 특히 이러한 방식은 "**우리가 직면한 공동의 문제들은 점점 더 글로벌해지고 있지만, 이를 해결하기 위한 수단은 여전히 국가적 · 지역적인 차원에 머물러 있으며, 그마저도 미흡하고 불완전하다**"[7]고 설명되는 "우리 시대의 역설"을 완화하는 데 도움이 되었을 것이다. 일관적인 세계적 법질서는 존재하지 않지만 순전히 이론적인 맥락에서는[8] EU의 이니셔티브가 환영받아야 하는데, 그 이유는 이것이 극도로 중요하고 시급한 문제에 필요한 건설적인 대화의 토대를 제공했기 때문이다. 이러한 EU 이니셔티브의 긍정적인 기여에도 불구하고 향후 다른 국가들(예: 중국, 러시아, 미국), 그리고 글로벌 이니셔티브들(예: UNESCO)과 더 나은 협력과 조율이 필요하다.

제1절 배경과 맥락

AI와 법의 역사 속에서[9] AIA 초안은 오랜 기간에 걸쳐 준비되었고, 사전적인 문서, 공공 의견 수렴, 영향 평가를 포함한 과정들을 선행했다. 유럽연

Council on a Single Market For Digital Services (Digital Services Act) and amending Directive 2000/31/EC, COM(2020) 825 final (15 December 2020) [DSA].

7 David Held, *Cosmopolitanism: Ideals and Realities* (Cambridge: Polity Press, 2010) 143.

8 Andrew Halpin and Volker Roeben (eds.), *Theorising the Global Legal Order* (Oxford: Hart, 2009) 6.

9 Michael Haenlein and Andreas Kaplan, "A Brief History of Artificial Intelligence: On the Past, Present, and Future of Artificial Intelligence" (2019) 61(4) *California Management Review* 5-14, 6-8 and Trevor Bench-Capon et al., "A history of AI and Law in 50 papers: 25 years of the international conference on AI and Law" (2012) 20 *Artificial Intelligence Law* 215-319, 215.

합 집행위원회(European Commission)는 2018년 4월 「유럽을 위한 인공지능」(Artificial Intelligence for Europe)이라는 보고서를 발표하였는데, 이 보고서에서는 AI가 이미 우리의 삶의 일부이며 더 이상 단순한 공상과학이 아니라는 접근 방식을 전제했다.[10] 그러나 당시에도 "AI를 다루는 방식이 우리가 살아갈 세계를 결정할 것"이므로, 견고한 유럽 AI 프레임워크가 필요하다는 주장이 있었다.[11] 비록 이 문서는 잠재의식적 AI 기술의 위험성을 직접적으로 언급하지는 않았지만, 일반적으로 AI가 모든 기술이나 도구와 마찬가지로 "긍정적인 목적뿐만 아니라 악의적인 목적에도 사용될 수 있다"고 인정하였다. 또한 "AI가 새로운 기회를 창출하는 동시에, 예를 들어 안전과 책임, 보안(범죄적 사용 또는 공격), 편향 및 차별과 같은 영역에서 도전과 위험을 초래한다"고 지적하였다.[12] 결론적으로 해당 문서는 AI의 힘을 인류 발전을 위해 활용할 필요가 있다고 결론지었다.[13]

불과 몇 달 후 유럽연합 집행위원회(EC)는 보다 구체적인 인공지능에 대한 규제 계획을 발표하였다.[14] 이 계획은 AI가 이미 일상생활의 일부가 되었음을 인정하고 훨씬 더 큰 영향을 미칠 잠재력을 가지고 있으며, 따라서 "신뢰(trust), 데이터 접근성(data availability), 인프라(infrastructure)를 기반으로 구축한 원활하게 작동하는 데이터 생태계"와 "혁신을 촉진하면서도 높은 수준으로 안전을 보장할 수 있는 유연한 규제 프레임워크"가 필요하다는 점을 인식하고 있었다.[15]

그 후 신뢰 요소가 더욱 중요하게 부각되었는데, 이에 따라 유럽연합 집

---

10 European Commission, *Artificial Intelligence for Europe*, COM(2018) 237 final (24 April 2018) 1.

11 *Ibid*.

12 *Ibid*., 14 [footnote omitted].

13 *Ibid*., 19.

14 European Commission, *Coordinated Plan on Artificial Intelligence*, COM (2018) 795 final (7 December 2018).

15 *Ibid*., 6, 8-9.

행위원회는 AI 고위 전문가 그룹(High-Level Expert Group on AI)을 구성하였다. 이 전문가 그룹은 2019년 4월 「신뢰할 수 있는 인공지능을 위한 윤리 가이드라인」(Ethics Guidelines for Trustworthy Artificial Intelligence)을 발표하였다. 이 가이드라인은 AI가 신뢰를 받기 위해서는 ①적법성(lawful, 모든 관련 법률과 규정을 준수할 것), ②윤리성(ethical, 윤리적 원칙과 가치를 존중할 것), ③견고성(robust, 기술적 관점뿐만 아니라 사회적 환경을 고려할 것)을 충족해야 한다고 명시했다.[16] 같은 날 유럽연합 집행위원회(EC)는 인간 중심의 AI(human-centric AI)에 대한 신뢰 구축을 목표로 하는 또 다른 문서를 발표하였다.[17] 이 문서는 "기술적 견고성과 안전성"이라는 항목 아래, AI 시스템이 "명백한 공격뿐만 아니라 데이터나 알고리즘 자체를 조작하려는 보다 은밀한 시도에도 대응할 수 있도록 탄력성을 갖춤으로써" 충분히 신뢰할 수 있고 안전해야 한다고 강조했다.[18] 즉 조작으로 인해 초래되는 위험을 언급했지만, 데이터와 알고리즘의 조작까지만 다루었을 뿐, 인간의 정신 자체를 조작하는 문제는 다루지 않고 있었다. 다른 중요한 요소로는 "인간의 주체성과 감독"(human agency and oversight), "프라이버시 및 데이터 거버넌스"(privacy and data governance), "투명성"(transparency), "다양성, 비차별 및 공정성"(diversity, nondiscrimination, and fairness), "사회적 및 환경적 복지"(societal and environmental well-being), "책임성"(accountability)이 있었다.[19] 이후 AI 고위 전문가 그룹(High-Level Expert Group on AI)은 보다 광범위한 AI

---

16 High-Level Expert Group on AI (HLEG), *Ethics Guidelines for Trust-worthy Artificial Intelligence* (8 April 2019); https://digital-strategy.ec.europa.eu/en/library/ethics-guidelines-trustworthy-ai.

17 European Commission, *Building Trust in Human - Centric Artificial Intelligence*, COM (2019) 168 final (8 April 2019).

18 *Ibid.*, 4-5.

19 High-Level Expert Group on AI, *Policy and Investment Recommendations for Trustworthy AI* (29 June 2019) 37; https://digital-strategy.ec. europa.eu/en/library/policy-and-investment-recommendations-trustworthy-artificial-intelligence.

정책을 위한 일련의 권고안을 발표하였으며, 여기서도 적절한 AI 거버넌스 및 규제 프레임워크의 필요성을 강조하였다.[20]

AIA 초안이 발표되기 전에 발행된 또 하나의 포괄적인 문서로는 AI의 안전성과 책임에 대한 영향(the safety and liability implications of AI)에 대한 보고서가 있다. 이 보고서는 주로 기술적인 안전성 측면에 초점을 맞추었는데, AI, 사물인터넷(IoT), 로봇공학이 경제와 사회에 가져올 기회를 인정하는 동시에 이러한 기술들이 "법적으로 보호하는 이익(물질적 · 비물질적 이익)에도 위험을 초래"할 수 있음을 지적하였다.[21] 또한 해당 보고서는 "적용 분야가 확대됨에 따라 이러한 피해가 발생할 가능성은 증가할 것이다"라고 언급하였다. 유럽연합 집행위원회(EC)는 이러한 정책 문서들과 더불어 2020년 2월 "인공지능 백서"(White Paper on Artificial Intelligence) 발표를 전후하여 2020년 한 해 동안 지속적으로 공개 의견 수렴 과정을 진행했는데, 이를 통해 보다 광범위한 대중의 참여를 보장하였다.[22] 마침내 AIA 초안은 2021년 4월 21일에 공식으로 발표되었고, 이와 동시에 영향 평가(impact assessment) 및 또 다른 통신문(communication)도 함께 공개되었다.[23]

궁극적으로 인공지능법(AIA) 초안은 이미 사용되고 있거나 가까운 미래에 사용될 가능성이 높은 고위험 AI 시스템(high-risk AI systems)을 규제하는 것을 최우선 목표로 삼았다. 또한 AIA 초안은 기존 EU 법률과의 일관성을

---

20 *Ibid.*, 4-6.

21 European Commission, *Report on the safety and liability implications of Artificial Intelligence, the Internet of Things and robotics*, COM(2020) 64 final (19 February 2020) 3.

22 European Commission, *White Paper on Artificial Intelligence - A European approach to excellence and trust* COM(2020) 65 final (19 February 2020).

23 European Commission, *Fostering a European approach to Artificial Intelligence*, COM (2021) 205 final (21 April 2021) and European Commission, *Impact Assessment Accompanying the Proposal for a Regulation of the European Parliament and of the Council Laying Down Harmonised Rules on Artificial Intelligence (Artificial Intelligence Act) and Amending Certain Union Legislative* Acts, SWD(2021) 84 final (21 April 2021) [AI Impact Assessment].

유지하려는 목표를 가지고 있으며, 특히 「EU 기본권 헌장」(EU Charter of Fundamental Rights)과 같은 주요 법률뿐만 아니라 「일반 개인정보보호 규정」(GDPR) 및 법 집행 지침(Law Enforcement Directive)과 같은 2차 자료(secondary sources)와도 조화를 이루려 하였다.[24] AIA 초안은 이러한 목적과 관련하여 다음과 같은 구체적인 목표를 설정했다.

- EU 시장에 출시되고 사용되는 AI 시스템이 안전하고, 기본권 및 EU 가치에 관한 기존 법률을 준수하도록 보장한다.
- AI 분야의 투자 및 혁신을 촉진할 수 있도록 법적 확실성을 보장한다.
- AI 시스템에 적용되는 기본권 및 안전 요구 사항에 관한 기존 법률의 효과적인 집행과 거버넌스를 강화한다.
- 합법적이고 안전하며 신뢰할 수 있는 AI 애플리케이션을 위한 단일 시장 개발을 촉진하고 시장 분열을 방지한다.[25]

AIA 초안은 총 13개 장(Title)으로 구성되어 있었고, 관련 개념들에 대한 정의를 제공하고, 적용 대상과 범위를 명확히 했다. 특히 초안에서는 "인공지능 시스템"(AI system)에 대한 정의를 제시하고 있었는데, 종래 AI 시스템의 개념에 대하여 확실한 법적 이해가 확립되지 않은 상태로 논쟁적인 개념으로 간주되었기에 매우 유용한 정의 조항에 해당했다.[26] 이 용어는 여러 차례에 걸쳐 용어상의 모순, 모순어법(oxymoron)으로도 묘사된 바 있다.[27]

---

24 GDPR (Regulation (EU) 2016/679), *supra* note 2; Directive (EU) 2016/680 (Law Enforcement Directive), OJ L 119/89-131 (4 May 2016). For a complete list of legislation seeking to harmonize EU legislation based on the proposed AIA, see Annex II ("List of Union Harmonisation Legis- lation") of the AIA, *supra* note 1.

25 Explanatory Memorandum of the AIA, *supra* note 1, 3.

26 Aviv H. Gaon, *The Future of Copyright in the Age of Artificial Intelligence* (Cheltenham: Edward Elgar, 2021) 51.

27 Ronald Chrisley "General Introduction: The Concept of Artificial Intel- ligence" in Ronald Chrisley and Sander Begeer (eds.) *Artificial Intelligence: Critical Concepts*, vol. 1 (New York: Routledge, 2000) 1-4, 3, Jennifer Gidley *The Future: A Very Short Introduction*

따라서 AIA 초안은 경제협력개발기구(OECD) 이사회가 발표한 회원국 간 표준으로서의 「OECD 인공지능 권고안」(OECD Recommendation on AI) 내 인공지능 시스템의 정의(2019년 5월 22일 장관급 OECD 이사회에서 최초로 발표된 후 2023년 개정된 정의에서 "명시적 또는 묵시적 목표를 위해 수신된 입력으로부터 물리적 또는 가상 환경에 영향을 줄 수 있는 예측, 콘텐츠, 추천 또는 결정과 같은 출력을 생성하는 방법을 추론하는 기계 기반 시스템이다. 인공지능 시스템마다 배포 후 자율성과 적응성의 수준이 다르다"라고 정함)를 반영하여(역자 부가 설명), "AI 시스템"을 다음과 같이 정의했다.

> "인공지능 시스템"(AI system)이란 부속서 I(Annex I)에 명시된 하나 이상의 기술 및 접근 방식을 사용하여 개발된, 주어진 사람이 정의한 목표 집합을 위해, 상호작용하는 환경에 영향을 미칠 수 있는 콘텐츠, 예측, 추천 또는 의사결정 등의 출력을 생성할 수 있는 소프트웨어를 의미한다.[28]

이와 관련하여 AIA 초안 내 부속서 I(Annex I)은 제1조에서 언급된 다음의 AI 기술 및 접근 방식을 나열하고 있었다.

(a) 지도 학습(supervised learning), 비지도 학습(unsupervised learning), 강화 학습(reinforcement learning)을 포함하며, 딥러닝(deep learning)을 포함한 다양한 방법을 사용한 기계 학습(machine learning) 접근 방식
(b) 지식 표현(knowledge representation), 귀납적(논리) 프로그래밍(inductive (logic) programming), 지식 기반(knowledge bases), 추론 및 연역 엔진(inference and deductive engines), (기호적) 추론(symbolic reasoning), 전

(Oxford: Oxford University Press, 2017) 99 and Jakob Svensson, "Artificial intelligence is an oxymoron: The importance of an organic body when facing unknown situations as they unfold in the present moment" (2021) *AI & Society* 1-10, 8; https://doi.org/10.1007/s00146-021-01311-z.

28 Recital 6 and Art. 3(1) AIA, *supra* note 1.

문가 시스템(expert systems) 등을 포함한 논리 및 지식 기반(logic and knowledge-based) 접근 방식

(c) 베이지안 추정(Bayesian estimation), 탐색 및 최적화(search and optimisation) 기법을 포함한 통계적인(statistical) 접근 방식[29]

최종 입법된 AIA 제3조는 인공지능 시스템을 "배포 이후에 적응성을 보이고 명시적 또는 묵시적 목표를 위하여 물리 환경이나 가상 환경에 영향을 미칠 수 있는 예측, 콘텐츠, 권고나 결정 등의 산출물을 생성하는 방법을 입력을 통하여 추론할 수 있는 다양한 수준의 자율성을 가지고 작동하도록 설계된 기계 기반 시스템을 말한다"라고 규정하여, 초안과 달리 인공지능 기술 및 접근방식에 대한 예시를 두고 있지는 않다(역자 부가 설명). 하지만 중요한 점은 최종 정의 조항 역시 초안에서 "기술 및 접근 방식과 유사한 특성을 기준으로 해당 목록을 시장 및 기술 발전에 맞춰 업데이트하기 위해" 동적 규제 도구로 포함했던 결과물이라는 점이다.[30] 최종 AIA 전문(Recital) 제12조에서도 "'인공지능시스템'의 개념은 명확하게 정의되어야 하고 이 분야에서의 급격한 기술 발전을 수용하는 유연성을 제공하면서 법적 확실성을 보장하고 국제적 융합 및 폭넓은 수용을 촉진하기 위하여 인공지능 관련 작업을 수행하는 국제기구의 노력과 긴밀한 관계를 유지하여야 한다"고 동일한 취지를 밝히고 있다(역자 부가 설명). 이를 통해 빠른 기술 혁신 시대에서 중요한 특징으로 법이 "시간이 지나면서도 본래의 일관성을 유지하는 동시에 역사적으로 지속적으로 발생하는 새로운 환경에 대응할 수 있도록 하는 것"이 얼마나 어려운 과제인지를 확인할 수 있다.[31]

---

29 European Commission, *Annexes to the Proposal for a Regulation of the European Parliament and of the Council Laying Down Harmonised Rules on Artificial Intelligence (Artificial Intelligence Act)*, COM(2021) 206 final (21 April 2021).

30 Art. 4 AIA, *supra* note 1.

31 Mark L. Johnson, "Mind, Metaphor, Law" (2007) 58(3) *Mercer Law Review* 845-860, 845.

이어서 제2장에는 금지된 AI 관행 목록이 설정되어 있다. 위험 기반 접근 방식(risk-based approach)에 따라 AIA는 AI의 사용을 ①수용 불가능한 (unacceptable) 위험, ②고위험(high-risk), ③ 저위험 또는 최소위험(low or minimal-risk)을 초래하는지로 구분한다.

이 목록은 우선 EU의 가치에 위배되어 사용이 용납될 수 없는 모든 AI 시스템을 포함한다. 이 가운데 먼저 제5조 제1항 (a)에서는 "사람들의 의식 너머에서 잠재의식적 자극 기법을 통해 조작할 가능성이 높은 행위의 금지"를 구체적으로 다룬다.[32] 다음으로 제5조 제1항 (b)에서는 "아동이나 장애인과 같은 특정 취약 집단의 취약성을 악용하여 이들의 행동을 실질적으로 왜곡하고, 이로 인해 자신 또는 타인에게 심리적 또는 신체적 피해를 초래할 가능성이 있는 행위의 금지"를 언급한다.[33]

제3장에서는 건강, 안전 또는 자연인의 기본권에 대해 높은 위험(high risk)을 초래하는 AI 시스템을 다룬다. AIA는 이러한 시스템에 대해 여러 가지 조치를 마련했는데, 여기에는 특정 의무사항 요구(제9조 내지 제15조), 고위험 AI 시스템이 시장에 출시되거나 서비스되기 전에 거치는 사전 적합성 평가 절차(제43조) 등이 포함된다.[34]

제4장에서는 특정 인공지능 시스템에 대한 여러 투명성(transparency) 의무가 도입되었으며, 이는 "①인간과 상호작용하는 AI 시스템(제50조 제1항), ②생체 인식 데이터(biometric data)를 기반으로 감정을 감지하거나 (사회적) 범주와의 연관성을 결정하는 AI 시스템(제50조 제3항), ③콘텐츠를 생성 또는 조작하는 AI 시스템(딥페이크)"와 같은 AI 시스템(제50조 제4항)에 적용된다.[35]

---

32 Explanatory Memorandum of the AIA, *supra* note 1, 12.

33 *Ibid*.

34 Articles 8, 9 and 19 AIA, *supra* note 1.

35 Explanatory Memorandum and Article 52 AIA, *supra* note 1, 14.

제5장은 범용 인공지능 모델 중 시스템적 위험이 있는 경우를 정하고, 해당 경우의 모델 목록을 공개하도록 한다. 또한 범용 인공지능 모델 제공자에게 해당 모델의 기술 문서를 작성하고 유지하고, 훈련에 사용된 콘텐츠에 대한 충분히 상세한 요약을 작성 및 공개하도록 하는 등의 의무사항을 규정한다(역자 설명 부가).

제6장은 "혁신 친화적이고, 미래에 대응적이며, 혼란에 탄력적인 법적 프레임워크를 구축하기 위한" 혁신을 지원하는 여러 조치를 포함한다.[36] 이 조치 중 하나로 "규제 샌드박스"(regulatory sandboxes) 개념이 도입되었으며(제57조), 이는 AI 혁신을 촉진하기 위해 개발 및 출시 전 단계에서 AI 시스템을 실험하고 테스트할 수 있는 통제된 환경을 조성하는 것을 목적으로 한다.[37]

제7장에서는 EU와 회원국 간의 규제 시행 및 거버넌스(governance) 관련 규칙을 포함하고 있다.

제10장에서는 행동 강령(codes of conduct) 마련을 장려하며, 이는 고위험이 아닌 AI 시스템 제공 업체에게 고위험 AI 시스템에 대한 필수 요구 사항을 자발적으로 적용하도록 유도하는 적절한 프레임워크를 구축하는 것을 목표로 한다(제95조).[38] 이 장에서는 행동 강령의 작성 주체에 대해 다음과 같이 규정하고 있다. 이러한 행동 강령은 개별 AI 시스템 제공자나 배포자, 이를 대표하는 조직이 작성, 또는 이 두 주체가 공동으로 작성 가능하고, 또한 시민단체 및 학계를 포함한 모든 이해관계자들과 그 대표 조직에 의해 작성될 수 있다(제95조 제3항).

제11장은 위임법령 채택 권한을 유럽위원회에 부여하고, 위원회 절차(committee procedure)를 설정한다. 또한 제12장은 규정 위반시 적용되는 처

---

36 Explanatory Memorandum of the AIA, *supra* note 1, 15.

37 Recital 72 and Art. 53 AIA, *supra* note 1.

38 Art. 69 AIA, *supra* note 1.

벌을 포함한다.[39] 이 처벌은 전적으로 금전적 벌금으로만 구성되며, 일괄 금액 또는 전년도 전 세계 연간 총 매출의 일정 비율로 계산되나, 이는 효과적이고, 비례적이며, 제지적이어야 한다. 제13장은 AI에 대한 새로운 EU 규제 프레임워크를 마무리하는 최종 조항을 포함하고 있다.

이 책의 핵심 초점은 잠재의식적 자극 기법(subliminal techniques)을 통해 사람들을 조작할 가능성이 큰 AI 관행에 맞춰져 있으므로, 이에 관련된 관련 조항을 보다 면밀히 분석하도록 한다.

제2절 잠재의식적 자극 기법을 활용하는 인공지능 시스템의 금지

AIA는 잠재의식적 자극 기법(subliminal techniques)을 활용하여 개인을 조작할 가능성이 있는 AI 시스템을 금지하고 있다. 이 금지는 규제의 핵심 요소이자, 가장 근본적인 요소로 —입법 과정에서 수정 없이 반영되었고[40]— 본질적으로 유지되어야 하며 다른 법적 법역에서도 고려되어야 한다고 주장한 바 있다. 그 이유 중 하나는 AI 분야의 급속한 발전 이후 사람들의 조작 능력을 바탕으로 사회와 민주주의에 심각한 위협을 초래할 수 있다는 점 때문이다.[41] 특히 아래의 실험들이 잠재의식적 메시지가 정치적 행동에 미치는 영향을 확인했다는 점에서도 주목할 만하다.

---

39 Art. 70 and 71 AIA, *supra* note 1.

40 Council of the European Union, *Presidency Compromise Text (AIA)*, 14278/21 (29 November 2021).

41 Andreas Kaplan, "Artificial Intelligence, Social Media, and Fake News: Is this the End of Democracy?" in Ays,en Akkor Gül, Y ı ld ı z Dilek Ertürk and Paul Elme (eds.), *Digital Transformation in Media & Society* (Istanbul: Istanbul University Press, 2020) 149-161, 150 and Susan Morgan, "Fake news, disinformation, manipulation and online tactics to undermine democracy" (2018) 3(1) *Journal of Cyber Policy* 39-43.

세 가지 연구의 종합 결과는 특정 국가의 국기를 잠재의식적으로 노출하는 것만으로도 실험 내에서의 시민들의 정치적 견해뿐만 아니라, 실험과 시간적 · 맥락적으로 거리가 있는 실제 정치적 행동, 가장 중요한 정치적 활동인 투표에도 상당한 변화를 일으킬 수 있음을 보여준다.[42]

마찬가지로 단어의 힘을 확인한 여러 연구들도 개인이 잠재의식적으로 적대적인 단어나 기타 메시지에 노출될 경우, 훨씬 더 공격적인 행동을 유발한다는 결론을 보여줬다.[43] AI가 초래하는 현재 및 미래의 민주주의 위협과 이와 관련된 디지털 조작 수단들도 선거와 관련된 영향을 확인한 바 있다.[44] 연구 결과에 따르면 검색 엔진만을 놓고 보더라도, 인터넷 검색 결과의 순위가 소비자 행동과 기업에 상당한 영향을 미친다는 것이 밝혀졌다.[45] 인터넷 검색 결과를 조작하는 검색 엔진은 유권자 행동과 선거에 강력한 영향을 미치는 것으로 나타났다.[46] 검색 엔진 자체는 본래 잠재의식적 자극 기법(subliminal techniques)을 직접적으로 활용하지 않지만, 숨겨진 알고리즘이 이러한 경우로 간주되는 경우는 예외일 수 있다. 이러한 이유로 잠재의식적

---

42 Ran R. Hassin et al., "Subliminal Exposure to National Flags Affects Political Thought and Behavior" (2007) 104(50) *Proceedings of the National Academy of Sciences (PNAS)* 19757-19761, 19760.

43 Robert Cialdini, *Pre-Suasion: A Revolutionary Way to Influence and Persuade* (New York: Simon & Schuster, 2016) 357, Alexander Todorov and John A. Bargh, "Automatic sources of aggression" (2002) 7 *Aggression and Violent Behavior* 53-68, 56 and Baptiste Subra et al., "Automatic Effects of Alcohol and Aggressive Cues on Aggressive Thoughts and Behaviors" (2010) 36(8) *Personality and Social Psychology Bulletin* 1052-1057, 1055.

44 G. Pascal Zachary, "Digital Manipulation and the Future of Electoral Democracy in the U.S." (2020) 1(2) *IEEE Transactions on Technology and Society* 104-112 and Terrell McSweeny, "Psychographics, Predictive Analytics, Artificial Intelligence, & Bots: is the FTC Keeping Pace?" (2018) 2 *Georgetown Law Technology Review* 514-530.

45 Bing Pan et al., "In Google we trust: User's decisions on rank, position, and relevance" (2007) 12(3) *Journal of Computer-Mediated Communication* 801-823, 801.

46 Robert Epstein and Ronald E. Robertson, "The search engine manip- ulation effect (SEME) and its possible impact on the outcomes of elections" (2015) 112(33) *Proceedings of the National Academy of Sciences (PNAS)* E4512-E4521, E4512.

자극 기법의 금지는 매우 중요한 의미를 가지고, 이를 통해 AI의 위협과 AI가 민주주의에 기여할 수 있는 긍정적 효과를 구분할 수 있을 것이다.[47]

AIA에서는 AI의 개념 자체를 정의하고 있지만, "잠재의식적 자극 기법"(subliminal techniques)이라는 용어를 언급하는 데 그칠 뿐 이에 의한 "개인의 행동을 실질적으로 왜곡"(material distortion of a person's behaviour)하는 것과 같은 개념에 대한 구체적인 설명은 제공하지 않는다. 대부분의 사전 준비 문서들은 AI가 정신과 행동에 미치는 영향을 포함한 다양한 위험을 언급했다. 예를 들어 AIA의 영향 평가(impact assessment)를 뒷받침하는 한 연구에서는 다음과 같은 이유로 AI에 대한 인간 중심적 접근 방식의 중요성을 강조했다.

AI의 인간 중심 접근(human-centric approach)에 대한 필요성은 유럽연합 집행위원회(European Commission)뿐만 아니라 여러 기관 및 민간 조직에서도 강조해 왔다. 인공지능은 작업을 수행하는 과정에서 인간의 주체성에 상당한 영향을 미칠 수 있으며, 여기에는 "다크 패턴"을 통한 인지 조작 및 무의식적 과정과의 상호작용, 최종 사용자에게 중독을 유발하는 것, 특정 구매 결정(예: 추천 시스템)이나 정치적 견해(예: 케임브리지 애널리티카)로 개인을 강하게 유도하는 하이퍼 넛징(hyper-nudging)이 포함된다.[48]

이 맥락에서 "다크 패턴"이 언급된 것은 흥미롭다. 이것은 잠재의식적 자극 기법을 사용하여 정신에 조작적 행위를 하는 것인 만큼 동의어에 가까운 개념이기 때문이다. 다크 패턴의 예시는 "잠재의식적 자극을 통해 사용자에게 영향을 미치고, 더 많은 제품을 구매하도록 유도하는 것(비윤리적 마케

---

47 Christian Djeffal, "AI, Democracy and the Law" in Andreas Sudmann (ed.), *The Democratization of Artificial Intelligence: Net Politics in the Era of Learning Algorithms* (Bielefeld: Transcript Verlag, 2019) 255-283, 279.

48 European Commission, *Study to Support an Impact Assessment of Regulatory Requirements for Artificial Intelligence in Europe: Final Report* (Luxembourg: Publications Office of the European Union, 2021) 31 [*Italics* added].

팅)"을 통한 사용자 인터페이스 조작을 들 수 있다.[49] 다크 패턴은 전 세계적으로 다양한 제품에서 점점 더 많이 사용된다. 이러한 다크 패턴은 단순히 "사용자가 원래 하지 않을 행동을 하도록 의도적으로 설계한 기만적인 요소들"로 정의할 수 있다.[50] 이러한 다크 패턴의 관행은 반경쟁적인 효과를 초래할 뿐만 아니라, 다음에서 설명하는 바와 같이 더 심각한 위험을 초래한다.

플랫폼은 "**다크 패턴**"의 형태로 사용자의 주의와 데이터를 활용하여 인지적 취약성을 악용할 수 있다. 다크 패턴은 개인을 플랫폼이 원하는 행동으로 유도하기 위해 미묘하게 설계한 디자인이며, **다른 형태의 디지털 조작**도 포함한다. 디지털 조작은 —사진, 메시지, 위치 정보, 연락처의 공유와 같은 행동을— 사용자의 **자율적인 선택처럼 보이게** 만들기 때문에 효과적이다. 이는 강요 없이 자유롭게 선택할 수 있는 능력을 의미하는 것으로서 "결정적 프라이버시"(decisional privacy)라고 불리는 사생활의 한 측면을 위협한다.[51]

다크 패턴(dark patterns)이나 이와 유사한 디자인 기법에 의해 결정적 프라이버시(decisional privacy)와 개인 프라이버시(personal privacy)에 대한 위협이 발생할 수 있다는 증거는, 이른바 "프라이버시 역설"(privacy paradox)에서도 찾아볼 수 있다. 이 역설은 "**우리가 표명하는 프라이버시 선호도와 실제 밝혀진 행동 간의 불일치(inconsistencies)**"로 명확히 설명된다.[52]

---

49 Luluah Albarrak, Oussama Metatla, and Anne Roudaut, "Exploring the influence of subliminal stimulus type and peripheral angle on the priming effect" (2021) 151 *International Journal of Human - Computer Studies* 1-17, 1.

50 Corina Cara, "Dark Patterns in the Media: A Systematic Review" (2019) 7(14) *Network Intelligence Studies* 105-113, 105.

51 Gregory Day and Abbey Stemler, "Are Dark Patterns Anticompetitive?" (2020) 72(1) *Alabama Law Review* 1-46, 2 and 45 [*Italics* added].

52 Ari Ezra Waldman, "Cognitive biases, dark patterns, and the 'privacy paradox'" (2020) 31 *Current Opinion in Psychology* 105-109, 105.

그러나 "잠재의식적 자극 기법"(subliminal techniques)이라는 용어가 명확하게 사용된 최초의 사례는 2021년 4월 21일 발표된 AIA(인공지능법) 초안 및 이와 함께 제공된 "영향 평가"(Impact Assessment) 문서이다. 영향 평가(Impact Assessment)는 AI가 조작에 악용될 가능성과 이에 따른 사용자에 대한 부정적 영향을 구별하는데, 구체적으로 다음과 같이 명시했다.

> 증거에 따르면 AI 기반 제품이나 서비스(예: 장난감, 개인 비서 등)는 **의도적으로 설계되거나 사용되어 개인의 잠재의식적 지각을 자극함으로써, 그들의 인지 능력을 넘어서는 결정을 내리도록 유도할 수 있다.** 사용된 기술이 잠재의식적(무의식적)이지 않더라도, 특정 취약 계층, 특히 어린이의 경우와 같이 정신적 미성숙, 연령 또는 쉽게 믿는 성향이 유해한 방식으로 악용될 경우에도 동일한 부정적인 조작 효과를 초래할 수 있다.[53]

흥미로운 점은 개인의 잠재의식적 지각(subliminal perception)에 대한 언급이 2016년 백악관 과학기술정책실(White House Office of Science and Technology Policy)에서 발행한 문서를 참조하고 있다는 점이다. 이 문서에서는 다음과 같이 단 한 차례만 잠재의식적 조작에 대해 언급했다.

> 향후 5년 내에 가상현실(VR)이 미국 전역의 수백만 가정에 보급될 것으로 예상된다. 온라인 커뮤니케이션이 점점 더 감각적으로 변함에 따라, 앞서 언급된 자동화된 프로그램들은 온라인 비디오, RSS 피드, 소셜 미디어 또는 게임을 통해 잠재의식적 통제를 할 수 있을지 모른다. 이러한 통제는 시민들에게 극단적인 반응을 유발할 수 있으며, 그들이 프로그램의 목표에 전략적으로 유리하게끔 가상 위협에 맞서 행동을 개시하게 하거나 그 자체를 무기화하도록 만들 가능성이 있다.[54]

또한 영향 평가(Impact Assessment)는 "특정한 조작적이고 착취적인 AI 시

---

53 AI Impact Assessment, *supra* note 23, 17 [footnotes omitted; *Italics* added].

54 U.S. White House Office of Science and Technology Policy, *Request for Information on the Future of Artificial Intelligence* (1 September 2016) 31 [*Italics* added]; https://obamawhitehouse.archives.gov/sites/default/files/microsites/ostp/OSTP-AI-RFI-Res ponses.pdf.

스템"에 대해 보다 강력한 보호가 필요함을 강조하고, 이를 위해 "알고리즘의 점점 커지는 영향력은 인간의 선택과 중요한 결정에 무의식적으로 영향을 미쳐 인간의 주체성과 개인 자율성의 원칙을 침해한다"는 점을 잠재의식적 자극 기법의 금지를 정당화하는 근거로 제시한다.[55]

결론적으로 AIA의 법안 문서에 "잠재의식적 자극 기법"(subliminal techniques)이라는 용어가 어떻게 추가되었는지는 명확하지 않으나, 기술적, 심리적, 법적 측면에서의 우려가 결합된 결과물로 등장한 것이다. AIA가 시행될 때 "잠재의식적 자극 기법"이라는 용어는 해당 금지 조항을 집행하는 데 있어 핵심적인 개념이 될 것이다. 그러므로 이 용어의 의미를 정확히 해석하는 것이 중요하며, 이를 위해 먼저 AIA 규정 내 관련 조항을 보다 면밀히 분석할 필요가 있다.

"잠재의식적"(subliminal)이라는 용어가 처음 등장한 곳은 AIA 초안의 서문(Preamble)으로, 여기에서는 이러한 기술을 금지하는 근본적인 이유를 다음과 같이 설명하고 있다: "인간의 행동을 왜곡하도록 설계된 특정 AI 시스템을 시장에 출시하거나, 서비스 또는 사용하게 하는 행위는 신체적 또는 심리적 피해가 발생할 가능성이 있는 경우 금지되어야 한다."[56] 서문은 이어서 이러한 금지 조항의 이유로 해당 AI 시스템은 개인이 인지할 수 없는 잠재의식적 요소를 활용하기 때문이라고 명시했다. 어떤 것이 인지될 수 없다는 사실 자체가 사람의 행동을 더 쉽게 조작할 수 있도록 만든다는 점을 지적한 것이다. 마찬가지로 인간 행동의 조작은 "개인의 행동을 실질적으로 왜곡하려는 의도를 가지고, 해당 개인 또는 다른 사람에게 피해를 초래하거나 초래할 가능성이 있는 방식으로" 수행되어야 한다고 명시했다.[57]

이러한 이유들은 최종 입법된 AIA 전문(Recital) 제16조에서도 "인공지능

---

55 AI Impact Assessment, *supra* note 23, 47.

56 Recital 16 AIA, *supra* note 1.

57 *Ibid*.

기반 조작기술은 사람들이 원치 않는 행동에 참여하도록 설득하거나 자율성, 의사결정 및 자유 선택을 왜곡하고 훼손하는 방식으로 결정을 유도하여 사람들을 속이는 데 사용될 수 있다. 중대한 위해 특히 신체적, 정신적 건강 또는 재정적 이익에 중대한 악영향을 미쳐 인간의 행동을 실질적으로 왜곡하거나 영향을 미치려는 특정한 AI 시스템의 시장 출시, 서비스 제공 또는 사용이 발생할 가능성이 있는데, 이는 특히 위험하므로 금지되어야 한다"고 명시되어 있다(역자 부가 설명). 또한 초안은 물론이고 최종 법률에도 실질적인 금지 규정으로 반영했는데, 최종 입법된 AIA에서는 다음과 같이 명문화하고 있다.

AIA 제5조

1. 다음과 같은 인공지능 관행은 금지된다.

(a) 개인이나 집단이 정보에 입각한 결정을 할 수 있는 능력을 눈에 띄게 침해하여 해당 개인이나 집단의 행동을 실질적으로 왜곡하고, 그에 따라 개인이 해당 개인, 다른 개인 또는 집단에 상당한 피해를 유발하거나 합리적으로 유발할 가능성 있는 방식으로 결정을 하지 아니하였을 결정을 하게 할 목적으로, **사람의 의식을 초월한 잠재의식에 영향을 미치는 기술 또는 조작이나 기만을 위한 기술을 사용하는 AI 시스템의 시장 출시, 서비스 제공 또는 사용**[58]

이 금지 조항에서 핵심적인 요소는 "개인의 의식 너머에서 잠재의식적 자극 기법(subliminal techniques)을 활용하는" AI 시스템을 다룬다는 점이다. 이 문구에서 "잠재의식적"(subliminal), "기술"(techniques), "의식"(consciousness)이라는 세 가지 용어는 해당 조항을 해석하는 데 중요한 역할을 하지만, ― AI라는 용어와 달리 ― 법률 초안에서는 이들 개념에 대해 추가적으로 명확하게 설명하지 않고 있다.

첫째, "잠재의식적"(subliminal)이라는 단어는 라틴어 "sub"와 "limen,

---

58 Art. 5(1) lit. a) AIA, *supra* note 1 [*Italics* added].

-inis"에서 유래했으며, 어원적으로 "의식의 임계점(threshold) 아래에 있는 것"을 의미한다.[59] 즉 잠재의식적이라는 개념은 의식적 지각과 잠재의식적 지각을 구분하는 감각적 임계점(sensory threshold)에서 비롯되며, 이를 이해하기 위해서는 "의식"(consciousness)이라는 용어에 대한 이해가 필요하다. 감각적 임계점(sensory threshold)은 "특정한 결정을 내리는 확률을 지지하는 자극 수준(stimulus level)"으로 정의한다.[60] 무엇보다도 이 개념은 이후 논의될 사상 및 양심의 자유권과 관련하여 중요한데, 개인의 의식에 대한 개입 금지가 양심의 자유권에 의해 뒷받침될 수 있는지를 평가하는 과정에서 의식과 양심이 서로 어떻게 관련되는지에 대한 문제를 제기한다. 비록 양심(conscience)과 의식(consciousness)은 다양한 과학적 분야에서 사용되며 종종 혼동되기도 하지만, "우리의 경험과 의사 결정 과정을 통제하는 정보 시스템의 일부"라는 것은 분명하다.[61] 둘째, 이 문제는 AI 분야와도 관련이 있다. AI란 로봇에게 의식과 양심을 부여함으로써 인간 지능을 인공적으로 재현하는 것을 목표로 한다. 이러한 맥락에서 다음에 제시된 의식과 양심이라는 용어에 대한 유용한 설명을 살펴볼 필요가 있다.

> 의식과 양심은 서로 다양한 방식으로 연결되어 있다. 두 단어는 모두 라틴어에서 유래하고, "con" = **함께**(with) "scientia" = **지식**(knowledge)을 의미한다. 인류의 진화 과정에서 의식은 양심의 전제 조건이었다. 먼저 인간은 의식을 발달시키며 자신의 존재와 행동 그리고 그 행동을 수행하는 이유를 인식했다. 이후 그들은 자신의 행동이 옳은지 그른지를 판단하는 양심을 발달시킨다.[62]

---

59 Ernest Klein, *A Comprehensive Etymological Dictionary of the English Language* (Amsterdam: Elsevier, 1966) 726.

60 A.J. Parker, "Sense and the Single Neuron: Probing the Physiology of Perception" (1998) 21 *Annual Review of Neuroscience* 227-277, 230.

61 G. Vithoulkas and D.F. Muresanu, "Conscience and Consciousness: A Definition" (2014) 7(1) *Journal of Medicine and Life* 104-108, 104.

62 Gunter Meissner, "Artificial intelligence: consciousness and conscience" (2020) 35 *AI & Society* 225-235, 232 [*Italics* added].

이 인용문은 인간의 존재와 의사 결정 과정이라는 두 개념의 결합된 관련성 및 관계에서의 논리적 순서를 명확히 확립하는 데 도움을 준다. 양심이 그 역할을 수행하기 위해서는 의식의 존재가 전제 조건이 되는 것이다. 이러한 결과는 다음과 같은 설명에서 비롯된다.

> "의식"(consciousness)은 다음과 같은 요소들의 도움을 받아 정보를 수신하고 처리한 후 이를 구체화하여 저장하거나 거부하는 인간의 정신 기능이다.
>
> 오감(The five senses)
>
> 정신적 추론 능력(The reasoning ability of the mind)
>
> 상상력과 감정(Imagination and emotion)
>
> 기억(Memory)
>
> 오감은 정신이 정보를 받아들이게 하고, 이후 상상력과 감정이 이를 처리하며, 이성이 판단하고, 기억이 이를 버리거나 저장한다.[63]

이러한 요소들은 의식을 뒷받침하는 인지 과정의 복잡성을 설명하는 데 유용하지만, 인지 단계의 순서와 감각의 분류, 특히 정보를 수신하는 범주를 오감으로 제한하는 점은 문제가 될 수 있다. 이 쟁점은 이후 논의될 공감각(synaesthesia), 즉 "한 가지 감각의 자극이 동시에 다른 감각을 유발하는" 정신 상태와 관련해서는 더욱 분명히 확인할 수 있다.[64]

이러한 설명은 의식의 정의를 "개인의 주관적 경험이라는 현상"으로 잘 요약한다. 의식이란 "감각적이거나 기억되거나 상상된 형태를 가지며, 환경 및 생리적 상태와 상호 작용하여 주관적 경험의 상태나 측면에서 변화를 일으키는 것"이다.[65] 전통적인 이원론적 사고방식에 따르면,[66] 남아 있는

---

63 Vithoulkas and Muresanu, *supra* note 62, 104.

64 Gary R. VandenBos (ed.), *APA Dictionary of Psychology*, 2nd ed. (Washington: American Psychological Association, 2015) 1060.

65 David Matsumoto (ed.), *The Cambridge Dictionary of Psychology* Cambridge: Cambridge University Press, 2009) 128.

66 Hillary S. Webb, "Dualism" in David A. Leeming (ed.), *Encyclopedia of Psychology and*

질문은 첫 번째 개념의 반의어로 간주될 수 있는, 즉 "잠재의식"(subconscious) 또는 "무의식"(unconscious) 상태의 주관적 경험을 의미한다. 무의식은 보다 일반적으로 "개인이 특정 순간에 인식하지 못하는 모든 정신적 과정이나 내용"을 뜻한다.[67] 이에 반해 잠재의식(subconscious)은 "의식 아래 또는 의식 밖에서, 즉 사고나 기타 정신적 과정이 생각하는 사람이 인식하지 못한 상태에서 발생하는 것"으로 정의된다. 이것은 "무의식"(unconscious)보다 우선적으로 고려되어야 할 것으로 보인다.

따라서 "잠재의식적"(subliminal)이라는 용어에 부여된 의미에 대해서는 추가적인 정보가 필요하고, 지속적인 연구가 이루어져야 한다.[68] 만약 이러한 연구가 수행되지 않는다면 아래에서 볼 수 있듯이 잠재의식적 자극 기법(subliminal techniques)의 효과성에 대한 논란에 대해서도 혼란을 일으킬 수 있다.

> 따라서 잠재의식적 자극(Subliminal stimuli)은 —인간이 이를 지각할 수 있는 범위를 벗어나 있기 때문에— 인간에게 아무런 영향을 미칠 수 없다. 사람들이 "잠재적 광고 효과"라는 용어를 사용할 때, 실제로 의미하는 것은 "광고의 무의식적 효과"이다. 이 무의식적 영향은 강력한 효과를 가진다. 실제로 광고업체들은 이러한 무의식적 영향을 활용한다. 그렇기 때문에 그들은 TV 및 라디오의 광고 블록, 신문과 잡지의 페이지, 그리고 웹사이트와 같은 혼잡한 환경 속에 그들의 광고를 삽입하는 광고 캠페인에 수억 달러를 투자하는 것이다.[69]

Religion, 3rd ed. (Dordrecht: Springer, 2020) 702-705, 702 and Gabriel Segal, "Poverty of Stimulus Arguments Concerning Language and Folk Psychology" in Peter Carruthers, Stephen Laurence, and Stephen Stich (eds.), *The Innate Mind: Foundations and the Future*, vol. 3 (Oxford: Oxford University Press, 2008) 90-105, 101.

67 Matsumoto, *supra* note 66, 128, 525 and 559.

68 Ap Dijksterhuis, Henk Aarts, and Pamela K. Smith, "The Power of the Subliminal: On Subliminal Persuasion and Other Potential Applications" in Ran R. Hassin, James S. Uleman, and John A. Bargh (eds.), *The New Unconscious* (Oxford: Oxford University Press, 2005) 77-106, 99.

69 W. James Potter, *Media Literacy*, 8th ed. (Los Angeles: SAGE, 2016) 756-757.

이러한 논의는 "잠재의식적 지각"(subliminal perception)과 "초의식적 지각"(supraliminal perception)의 대비가 과연 정확한가? 라는 질문을 제기할 필요가 있음을 보여준다. 특히 이것이 잠재의식적 지각(subconscious perception) 및 의식적 지각(conscious perception)과 결합될 때 더욱 그렇다(역자주: Subliminal과 Subconscious 모두 '잠재의식적'이라고 해석했지만, 의미상 차이가 있다. Subliminal은 사람이 감각적으로 거의 포착하지 못하지만 마음에 영향을 줄 수 있음을 뜻하는 반면, Subconscious는 의식과 무의식의 중간 정도의 상태를 의미한다. 즉, subconscious는 부분적으로 사람이 인식할 수도 있고 감정과 사고에 지속적으로 영향을 줄 수 있다는 점에서 subliminal과는 차이가 있다). 그 이유는 "우리의 의식을 초월하는"(beyond our consciousness) 임계점이 존재하는지에 대한 의문이 있기 때문이다. 이는 AIA의 맥락에서 필수적인데, AIA는 다소 오해를 불러일으킬 수 있는 방식으로 "개인의 의식을 넘어서는 잠재의식적(subliminal) 기술"에 대해 언급하고 있기 때문이다. "para"가 "너머"(beyond)라는 의미를 가지므로 우리의 의식을 넘어서는 지각은 대신 "준의식적 지각"(paraliminal perception, 역자주: 초의식적 지각(supraliminal perception)과의 구별을 위해 준의식적 지각이라 칭하기로 한다)이라고 불러야 한다. 준의식적 지각(paraliminal perception)은 우리의 감각 능력을 넘어서는 정보의 임계점 또는 감각적으로는 받아들일 수 있지만 인지능력으로는 감지할 수 없는 정보의 임계점을 뜻한다. 이는 감각의 능력과 뇌의 능력을 언어적으로 구별할 필요가 있는지에 대한 의문을 제기한다. 다시 말해 우리는 마음의 눈(mind's eye)으로 보는가, 아니면 인간의 눈(human eye)으로 보는가?[70] 어느 쪽이든 규제 목적으로는 통합적인 접근법이 더 적절할 가능성이 높고, 다음과 같은 관찰을 고려할 때는 더욱 그러하다.

자외선 내 이미지나 인간의 시각 범위를 약간 벗어난 빛의 스펙트럼 내의 다른

70 Jonathan Miller, "The Mind's Eye and the Human Eye" (1985) 114(4) *Daedalus* 185-199.

색조의 이미지는 사람에게 영향을 미칠 수 있다고 여겨진다. 눈으로 빛을 보지 못한다고 해서 뇌의 어떤 수준에서 그것을 이해하지 못하는 것은 아니다. 뇌는 우리의 의식이 인식하는 범위를 훨씬 넘어서는 것들을 지각할 능력을 가지고 있다.[71]

보다 폭넓은 뇌 기반 접근 방식은 또한 "**의식적 지각의 문턱(limen) 또는 임계점(threshold) 아래에 있는 자극**"을 의미하는 "잠재의식적"(subliminal)의 일반적인 정의와도 더 잘 부합하는 것으로 보인다.[72] 그럼에도 불구하고, "잠재의식적"(subliminal)의 강조점이 "너머"(beyond)가 아니라 "아래"(below, 라틴어 "sub")에 있다는 점을 고려할 때, 엄격히 말하면 규제에서는 "개인의 의식을 **넘어서는(beyond)**이 아니라, 의식 **아래에 있는(below)** 잠재의식적 자극 기법"이라고 표현하는 것이 더 정확했을 것이다. 물론 개인의 의식을 넘어서는 임계점이 존재하는지 여부에 따라 달라지며, 만약 존재한다면 "para"는 "너머"(beyond)를 의미하므로 이는 "준의식적 지각"(paraliminal perception)이라고 불려야 할 것이다. 차이점은 첫 번째 경우에는 정보가 받아들여지지만 인식되지 않는 반면, 두 번째 경우에는 그 정보가 불가능하거나 도달할 수 없는 것처럼 보인다는 점이다. "너머"(beyond)라는 용어는 대신 초자연적(paranormal) 또는 초감각적(extrasensory) 지각 방식에 더 적합하며, 이는 예지(precognition), 역인과성(retrocausality), 직관(intuition) 또는 근사(近死) 체험(near-death experiences)과 같은 현상에서 나타난다.[73] 이처럼

---

71 Michael Pace, *Subliminal Psychology 101: How to Stealthily Penetrate, Influence, and Subdue Anyone's Mind without Them Suspecting a Thing* (Scotts Valley, CA: CreateSpace Publishing, 2018) 10-11.

72 David A. Statt (ed.), *The Concise Dictionary of Psychology*, 3rd ed. (London: Routledge, 2003) 129 [*Italics* added].

73 James Houran, Rense Lange and Dan Hooper, "Cross-Examining the Case for Precognition: Comment on Mossbridge and Radin (2018)" (2018) 5(1) *Psychology of Consciousness: Theory, Research, and Practice* 98-109, 102 and Bruce Greyson, "Comments on 'Does Paranormal Perception Occur in Near-Death Experiences?'" (2007) 25(4) *Journal of Near-Death Studies* 237-244.

의식에 대해서는 설명들이 일관성이 없지만 각각 독립적으로 그럴듯한 가설들이 존재한다는 점을 고려해야 한다. 이러한 점에서 의식은 여전히 여러 면에서 역설적이라고 말하는 것이 타당하다.[74]

또 다른 더 적절한 용어로 "의식의 경계를 넘나드는 지각"(transliminal perception)이 있을 수 있다. 이는 자극이 우리의 일반적인 의식 수준 아래와 위 모두에서 임계점을 가로질러(trans) "의식 안팎으로" 이동하는 것을 의미한다.[75] 이것은 잠재의식적(subliminal) 및 초의식적(supraliminal) 인지가 윤리적 의사결정을 포함한 우리의 행동에 영향을 미친다는 현실을 반영하는 것이기도 하다.[76] "의식의 경계를 넘나드는"(transliminal)이라는 용어를 사용하는 것은 또한 공감각(synaesthesia)으로 알려진 상태와 결합하여 특별한 경험으로도 볼 수 있다. 여기서 공감각이란 서로 다른 감각들이 동시에 상호작용하는 다양한 형태를 설명하는 개념이다.[77] 모든 감각들의 개입은 이미 경제, 특히 다감각적 마케팅(multisensory marketing)의 목표가 되고 있다. 또한 미래의 감각 진화에서도 더욱 중요한 역할을 할 것이다.

현재 맥락에서 가장 큰 과제는 조작적이면서 동시에 해로운 행위를 가장 적절하게 설명할 수 있는 용어를 찾는 것이다. 잠재의식적 지각(subliminal perception) 문제와 관련하여 해당 용어를 일관되게 개념화하는 데에는 문제

---

74 Rocco J. Gennaro, *The Consciousness Paradox: Consciousness, Concepts, and Higher-Order Thoughts* (Cambridge, MA: The MIT Press, 2012) 2.

75 Michael A. Thalbourne and James Houran, "Transliminality, the Mental Experience Inventory, and tolerance of ambiguity" (2000) 28 *Personality and Individual Differences* 853-863, 853.

76 David T. Welsh and Lisa D. Ordóñez, "Conscience without Cognition: The Effects of Subconscious Priming on Ethical Behavior" (2014) 57(3) *The Academy of Management Journal* 723-742, 723.

77 Michael A. Thalbourne et al., "Transliminality, brain function, and synesthesia" (2001) 189(3) *Journal of Nervous and Mental Disease* 190-192 and Christine Simmonds-Moore, "Synesthesia and the Perception of Unseen Realities" (2020) 62(2) *Journal of Humanistic Psychology* 187-207, 187.

가 없는 것으로 밝혀졌다. 하지만 "지속적인 논란의 주요 원인은 경쟁적인 용어의 난립과 이 용어들이 정확히 무엇을 의미하는지에 대한 명확한 설명이 부족한 데 있다. 이로 인해 상충하는 주장과 학문적 문헌 내에서의 겉보기 모순이 발생한다"고 지적한다.[78] 비슷한 현상은 "잠재의식적 자극 기법"(subliminal techniques)에서도 나타나는데, 이 용어는 "다크 패턴"(dark patterns) 또는 "숨겨진 설득자"(hidden persuaders)와 동의어 관계다. 이러한 기법을 사용하는 AI 시스템의 금지와 관련하여 핵심적인 점은 자극이 개인의 의식 아래에 있든 의식을 넘어서는 것이든 상관없이, 그 개인이 해당 자극을 인식할 수 없다는 점이다. 안타깝게도 무엇이 잠재의식적(subliminal) 자극을 이루고, 무엇이 초의식적(supraliminal) 자극을 의미하는지는 과학적으로 명확하지 않다. 이와 관련한 핵심적인 질문은 특정한 임계점이 무엇으로 구성되는지를 정확히 고려하는 것이다. 즉 인식과 비인식의 경계가 어디에서 그어지는지, 혹은 그러한 경계를 설정하는 것이 가능하거나 필요한지이다. 이러한 이유로 이 책에서는 미래의 과학적 연구 방향과 일치하는 최적의 용어 선택을 계속해서 탐색하는 것이 필수적이라고 여긴다. 이와 관련된 질문 중 하나는 심리물리학(psychophysics)에서 다루어지는데, 해당 학문은 감각적 지각의 임계점을 포함한 주제를 연구하는 과학 분야이다. 임계점은, 우선 각 감각들은 개별적으로 중요하고, 다음으로 모든 감각이 상호 작용하는 방식에서도 중요한 역할을 한다. 후자의 경우는 제2장 제3절에서 개별 감각과 공감각(synaesthesia) 내에서의 상호작용이라는 맥락에서 다루어질 것이다.

다음 단계로 잠재의식적 자극 기법이 확인된 후에는 "개인의 행동을 실질적으로 왜곡하기 위해"라는 요구 사항을 검토하는 것이 중요하다. 이 요구 사항은 "잠재의식적 자극 기법"이 인간 행동에 측정 가능한 영향력을 미

---

78 Simon Boag, "Making sense of subliminal perception" in Alexandra M. Columbus (ed.), *Advances in Psychology Research*, vol. 54 (New York: Nova Science, 2008) 117-139, 133.

칠 수 있다는 것을 과학적으로 입증할 수 있는지에 따라 달라진다. 관련하여 "잠재의식적"(subliminal)이라는 용어는 "개인이 반응은 하지만, 그 자극을 의식하지는 못하는 것과 관련된" 것으로 정의한다.[79] 반응에 대한 언급을 포함함으로써, 이 정의는 암묵적으로 잠재의식적(subliminal) 정보가 효과를 가진다는 가설을 뒷받침하는 것으로 보인다. — 이 문제는 아래 제3장에서 더욱 자세히 논의될 것이다. 따라서 잠재의식적(subliminal) 기법이 확인된 후에는 그것이 개인의 행동을 실질적으로 왜곡할 수 있는지를 검토하는 것이 필요하다. 부사 "실질적으로"(materially)는 두 가지 의미를 가지는데, 하나는 "상당히" 또는 "중요하게"라는 뜻이고, 다른 하나는 "어떤 물질"(사물을 구성하는 물질)을 의미한다. 그런데 현재 맥락에서는 전자의 의미를 지칭하는 것으로 보인다.[80] 이는 잠재의식적 자극은 신체적 또는 심리적 피해를 유발할 수 있는 것이며, 여기에는 신체적 피해뿐만 아니라 비물질적인 형태의 피해도 포함되기 때문이다. 이와 관련하여 피해(harm)는 전체적이고 비이원론적인 방식으로 해석되어야 하며, 세계보건기구(WHO)의 "건강"에 대한 포괄적인 정의, 즉 "단순히 질병이나 허약함이 없는 상태가 아니라, 신체적, 정신적, 사회적 안녕이 완전히 충족된 상태"도 연상된다.[81]

이 주장을 뒷받침하는 추가적인 근거는 불법행위법(torts law)과 기능적 자기공명영상(fMRI)과 같은 신경과학 및 신기술의 결합을 통해 얻을 수 있다.[82] fMRI란 "인간 뇌의 기능적 해부학을 연구하는 비침습적(non-invasive)

---

79 Matsumoto, *supra* note 66, 527.

80 Della Thompson (ed.), *The Oxford Dictionary of Current English* (Oxford: Oxford University Press, 1993) 547.

81 Recital 1 of the Constitution of the World Health Organization, signed on 22 July 1946, 14 U.N.T.S. 186.

82 Betsy J. Grey, "Neuroscience, Emotional Harm, and Emotional Distress Tort Claims" (2007) 7(9) *The American Journal of Bioethics* 65-67 and Lily Tsoi et al., "Neural substrates for moral judgments of psychological versus physical harm" (2018) *Social Cognitive and*

방법"을 의미한다.[83] fMRI는 다양한 분야에 적용될 수 있으며, 이미 "언어 이해나 단기 기억에서부터 성격 특성, 정치적 행동, 심미적 판단에 이르기까지 매우 다양한 분야"에서 활용되고 있다. 그 결과 잠재의식적이란 의미와 응용 가능성과 관련해서 중요한 윤리적 질문을 제기한다.[84] 이와 관련해서는 "소비자의 감정이 위험에 처한 경우에 이를 보호할 수 있는 강력한 시스템을 제공하려면, 법적 프레임워크 내에서 감정의 지위에 대한 더 큰 명확성과 확실성이 필요하다"는 점이 이미 언급된 바 있다.[85] 여기에는 감정에 대한 잠재의식적(subliminal) 효과도 포함되고, 실제로 1992년에는 두 가지 연구에서 잠재의식적 자극이 사람들의 감정과 타인에 대한 태도에 영향을 미칠 수 있음을 확인한 바도 있다.[86] 안타깝게도 우리의 정서적 웰빙에 부정적인 영향을 미칠 수 있는 또 다른 연구에 따르면, 잠재의식적인 "부정적 자극이 지각적 처리에 우선적으로 접근한다"는 사실을 확인한 것으로 보인다.[87] 이것은 뉴스 보도, 엔터테인먼트, 광고, 그리고 소셜 미디어에서 부정적인 정보, 선정성, 그리고 폭력이 널리 사용되는 이유를 설명하는 데 도움이 될 수 있다.[88] 좀 더 일반화하면, 계획된 금지는 여전히 잠재의식적

Affective Neuroscience 460-470

83 UNESCO International Bioethics Committee (IBC), *Preliminary Draft Report of the IBC on Ethical Issues of Neurotechnology*, SHS/BIO/IBC- Ext/2021/3 (15 December 2020) 6.

84 Alex Garnett et al., "Neuroethics and fMRI: Mapping a Fledgling Relationship" (2011) 6(4) *PLoS ONE* 1-7, 1; doi:10.1371/journal.pone.0018537.

85 Mateja Durovic and Jonathon Watson, "Nothing to Be Happy about: Consumer Emotions and AI" (2021) 4(4) *J* 784-793, 792.

86 Jon A. Krosnick at al., "Subliminal Conditioning of Attitudes" (1992) 18(2) *Personality and Social Psychology* 152-162, 159 [In-text citations omitted].

87 Maha Nasrallah, David Carmel, and Nilli Lavie, "Murder, She Wrote: Enhanced Sensitivity to Negative Word Valence" (2009) 9(5) *Emotion* 609-618, 617.

88 Marc Trussler and Stuart Soroka, "Consumer Demand for Cynical and Negative News Frames" (2014) 19(3) *The International Journal of Press/Politics* 360-379, Richard Godfrey, "The politics of consuming war: video games, the military-entertainment complex and the spectacle of violence" (2021) *Journal of Marketing Management* 1-22; doi:10.1080/0267257X.2021.1995025, and Mochen Yang, Yuqing Ren, and Gediminas Adomavicius,

인 자극이 단순히 "대중의 정신을 매혹할" 뿐만 아니라, 공공 여론을 형성하고 전 세계 사회의 현실에까지 영향을 미칠 수 있는지에 대해서도 보다 광범위한 논의가 함께 이루어져야 하는 것이다.[89]

이와 관련하여 AIA는 "보호 수준이 부족하다"는 평가를 받았다. 이에 피해의 범위를 단순한 신체적 · 심리적 피해에서 확장하여 "재정적 · 경제적 피해, 문화적 피해, 존중의 피해 및 자율성의 피해뿐만 아니라 집단적 · 사회적 피해"와 같은 보다 중요하고 잠재적으로 더 심각한 피해까지 포함하도록 피해의 범위를 확장해야 한다는 제안이 있었다.[90] 이것은 "누적적 피해"(cumulative harms)에 대한 고려도 포함되어야 한다는 의미인데, "더 많은 단위가 소비될수록 누적적으로 피해를 입히는 제품"을 뜻한다.[91] 앞서 지적한 바와 같이 특히 현재의 규제에서 다루고 있는 특정 제품 및 관행과 관련해서 중요한 부분에 해당한다.

실제 현실 생활에서는 단일 사건의 심각성이 임계점을 넘지 않더라도 피해가 누적될 수 있으며, 이는 입증을 어렵게 만든다. 이러한 "누적적"(cumulative) 피해는

"Understanding User-Generated Content and Customer Engagement on Facebook Business Pages" (2019) 30(3) *Information Systems Research* 839-855, 840.

89 Loren Coleman, *The Copycat Effect: How the Media and Popular Culture Trigger the Mayhem in Tomorrow's Headlines* (New York: Paraview Pocket Books, 2014) and Billy Crone, *Subliminal Seduction: How the Mass Media Mesmerize the Minds of the Masses* (Pahrump, NV: Get A Life Ministries Inc., 2021).

90 Nathalie Smuha et al., "How the EU Can Achieve Legally Trustworthy AI: A Response to the European Commission's Proposal for an Artificial Intelligence Act." (2021), 21; https://papers.ssrn.com/sol3/papers. cfm?abstract_id=3899991 [footnote omitted], Martin Ebers et al., "The European Commission's Proposal for an Artificial Intelligence Act - A Critical Assessment by Members of the Robotics and AI Law Society (RAILS)" 2021 4 *J* 589- 603, 592; https://doi.org/10.3390/j4040043 [footnote omitted] and Risto Uuk, "Manipulation and the AI Act", The Future of Life Institute (18 January 2022); https://futureoflife.org/wp-content/uploads/2022/01/FLI-Manipulation_AI_Act.pdf?x49432.

91 Anthony M. Marino, "Monopoly, Liability and Regulation" (1988) 54 *Southern Economic Journal* 913-927, 913.

시간이 지남에 따라 개인의 환경에 미치는 영향으로 인하여 더욱 강화되며, 이와 관련해서는 초개인화(hyperpersonalisation), 참여도(engagement), 방문 체류(dwell) 지표, 그리고 아동에 대한 영향 등이 자주 문제로 지적된다.[92]

누적적인 잠재의식적 원인으로 인한 피해 요인을 입증하는 문제는 영국 광고 기준 위원회(Advertising Standards Authority, ASA)가 내린 한 결정에서 잘 드러난다. 이 사건에서는 세 명의 고소인이 한 광고가 전자기 방사선과 관련 제품이 면역 체계 손상, 전자기 과민증, 피부 질환, 암 위험, 두통, 기억력 감퇴 등과 같은 건강상의 위험을 초래할 수 있다는 암시를 담았다. 그리고 이러한 암시가 오해의 소지가 있으며 이를 입증할 수 있는지에 대하여 이의를 제기했다.[93] 당국은 해당 결정에서 원고들의 주장에 손을 들어주며, 해당 광고가 오해를 불러일으키는 광고에 해당한다고 판단했다. 일반 대중의 상당수가 잠재의식적으로 전자기 과민증을 겪고 있으며, 전자기 노출의 생물학적 영향이 누적된다는 주장이 신뢰할 만한 과학적 증거로 뒷받침하지 않았기 때문이라고 밝혔다.[94] 이 쟁점은 시간이 지나면서 누적될 수 있고, 일반적인 인식 수준 아래에서 경험하게 되는 피해의 인과관계를 입증하는 과학적 · 법적 문제들이 결합되어 있음을 보여주는 사례다.[95] 정신 건강 문제나 자살 충동과 미디어,[96] 소셜 미디어[97] 또는 인터넷[98] 사용 간의 인과관

---

92 Michael Veale and Frederik Zuiderveen Borgesius, "Demystifying the Draft EU Artificial Intelligence Act" (2021) 22(4) *Computer Law Review International* 97-112, 102 [footnotes omitted].

93 ASA Ruling on Electrosensitivity-UK (Complaint Ref: A17-388045) (4 April 2018); https://www.asa.org.uk/rulings/electrosensitivity-uk-a17-388 045.html.

94 *Ibid*.

95 European Commission, *Evaluation of council Directive 85/374/EEC on the approximation of laws, regulations and administrative provisions of the Member States concerning liability for defective products* (Luxembourg: Publications Office of the European Union, 2018) 64-65.

96 Jane Pirkis and Merete Nordentoft, "Media Influences on Suicide and Attempted Suicide" in Rory C. O'Connor, Stephen Platt, and Jacki Gordon (eds.) *International Handbook of*

계를 규명하려는 과학적 연구에서도 잘 알려져 있다.

같은 맥락에서 미래 사회를 위한 적절한 모델을 모색하는 것은 핵심 사항인 바,[99] 또 다른 의견은 AI 응용 기술이 개별적으로는 미미한 피해를 초래할 수 있지만 집단적으로는 상당한 "사회적 수준의 피해"를 유발할 수 있다는 문제를 제기한다. 이 경우는 다음과 같은 사례로 설명할 수 있다.

> 예를 들어 정치적 마케팅 애플리케이션은 한 개인의 투표 의욕을 소폭 감소시킬 수 있다. 개별적인 수준에서는 이 애플리케이션의 영향이 기본권 침해로 간주되지 않을 수도 있지만, 집단적 차원에서는 그 효과가 선거 결과를 바꿀 만큼 클 수도 있다.[100]

이것은 또한 "자동화 편향"(automation bias) 또는 "알고리즘 편향"(algorithmic bias)을 통해 이루어진 결과와 같은 다른 조작 결과들과도 연결되어 있다.[101] 여기서도 AIA는 특히 감성 컴퓨팅(affective computing)과 알고리즘 조작에 관해 거의 기능하지 못한다는 주장이 제기되었다.[102] 연구에 따르

Suicide Prevention: Research, Policy and Practice (Chichester: Wiley-Blackwell, 2011) 531-544, 540.

97 Jean M. Twenge et al., "Increases in Depressive Symptoms, Suicide- Related Outcomes, and Suicide Rates Among U.S. Adolescents After 2010 and Links to Increased New Media Screen Time" (2018) 6(1) *Clinical Psychological Science* 3-17, 15.

98 Rosemary Sedgwick et al., "Social media, internet use and suicide attempts in adolescents" (2019) 32(6) *Current Opinion in Psychiatry* 534-541, 540.

99 Vivienne Badaan et al., "Imagining better societies: A social psychological framework for the study of utopian thinking and collective action" (2020) 14(4) *Social and Personality Psychology Compass* 1-14.

100 Future of Life Institute (FLI), *FLI Position Paper on the EU AI Act* (August 2021) 4; https://futureoflife.org/wp-content/uploads/2021/08/FLI-Position-Paper-on-the-EU-AI-Act.pdf?x72900.

101 Miriam C. Buiten, "Towards Intelligent Regulation of Artificial Intelligence" (2019) 10 *European Journal of Risk Regulation* 41-59, 51.

102 Smuha et al., *supra* note 93, 21, Philipp Hacker, "Manipulation by Algorithms. Exploring the Triangle of Unfair Commercial Practice, Data Protection, and Privacy Law" (2021)

면 이러한 기법은 사람들에게 편향된 정보를 반복적이고 특정적으로 노출함으로써 다양한 형태의 편향을 생성할 수 있다.[103]

이러한 경우 누적적 효과(cumulative effect)는 개인들의 집단에 기반한다. 따라서 이러한 사회적 수준의 피해가 단순히 포함되어야 할 뿐만 아니라, 예정된 처벌의 효과성과 비례성에 대해서도 의문을 제기해야 한다. 달리 표현하자면 조작된 선거의 영향을 재정적인 측면에서 어떻게 환산할 수 있을지, 그리고 특히 캠브리지 애널리티카(Cambridge Analytica) 스캔들에서 보듯 단지 이러한 조작 효과를 노리고 설립된 회사의 경우에 어떻게 위험 발생을 방지할 수 있을지를 고민해야 한다.[104] 전반적으로 이 문제가 AIA만으로 해결될 수 없다 하더라도, 불법행위 및 관련 시스템(예: 제조물책임)의 업데이트,[105] 공동 소유권(예: 서로 다른 산업 내 및 산업 간의 집중 현상)에 대한 문제,[106] 그리고 (기후 변화 문제에서의 비슷한 사례와 같은 맥락에서) 인과관계(causation)의 개념에 대한 추가적인 논의도 이어져야 한다.[107]

이미 1980년대 초반부터 새로운 미디어 기법은 여러 우려를 불러일으켰

European Law Journal 1-34, 28; https://doi.org/10.1111/eulj.12389

103 María Triana, *Managing Diversity in Organizations: A Global Perspective* (New York: Routledge, 2017) 308.

104 Jonathan Heawood, "Pseudo-public political speech: Democratic implications of the Cambridge Analytica scandal" (2018) 23 *Information Polity* 429-434 and Tommaso Venturini and Richard Rogers, "'API-Based Research' or How can Digital Sociology and Journalism Studies Learn from the Facebook and Cambridge Analytica Data Breach" (2019) 7(4) *Digital Journalism* 532-540.

105 Council Directive 85/374/EEC (Product Liability Directive), OJ L 210/29 (7 August 1985) [PLD] and European Parliament, *Resolution of 20 October 2020 with recommendations to the Commission on a civil liability regime for artificial intelligence* (2020/2014(INL), P9_TA(2020)0276 (20 October 2020).

106 Jennifer G. Hill, "The Conundrum of Common Ownership" (2020) 53(3) *Vanderbilt Journal of Transnational Law* 881-906, 881.

107 Michael Duffy, "Climate Change Causation: Harmonizing Tort Law and Scientific Probability" (2019) 28(2) *Temple Journal of Science, Technology & Environmental Law* 185-242, 241.

고 "잠재의식적 불법행위"(subliminal tort)에 대한 탐색을 촉발시켰다. 이는 다음과 같이 설명할 수 있다.

> 사람들이 인식하지 못하는 사이에 행동을 수정하는 새로운 미디어 기법의 발견은 자유가 환상이 되어버린 사회에 대한 우려를 불러일으킨다. 이러한 기법들의 대부분은 명확한 규제나 관습법상의 금지가 존재하지 않는다. 그럼에도 불구하고 법률의 분명한 변화는 잠재의식적 영향의 개념과 그 만연함에 대한 관심이 커지고 있다는 것이며, 이러한 영향이 일견 공격적이라는 인식 역시 더 커지고 있다.[108]

현행 AIA뿐만 아니라 미묘하고 누적적인 피해에 민감한 불법행위 시스템에서도, 주된 문제는 잠재의식적 자극 기법의 사용과 그로 인한 피해 결과의 인과관계에 대한 신뢰할 수 있는 증거를 확보하는 데 있다. 이 문제를 해결하려면 일반적인 법률 논의와 더불어 특히 판결 과정에서는 신경과학자들의 더 많은 의견이 필요할 것이다.[109] 안타깝게도 이러한 경우의 법적 판단은 "과학적 조언이 가장 절실히 요청되는 경우들은 곧 과학의 권위가 가장 철저하게 의심받는 경우들"이라는 과학적 권위의 역설(paradox of scientific authority)로 인해 더 어려워진다.[110]

인과관계의 과학적 현실 측면에서의 일반적인 어려움 외에도 "잠재의식적 임계점"(subliminal thresholds)에 대한 여러 가지 우려도 존재한다. 그러나 이러한 문제를 해결하려면 먼저 잠재의식적 지각 수준에 영향을 미칠 수 있는 현재와 미래의 AI 관행의 본질을 더 면밀히 살펴보는 것이 우선되

---

108 Charles B. Kramer, "Judicial Recognition and Control of New Media Techniques: In Search of the Subliminal Tort" (1981) 14(3) *John Marshall Law Review* 733-760, 759.

109 Bernice B. Donald and Erica Bakies, "A Glimpse inside the Brain's Black Box: Understanding the Role of Neuroscience in Criminal Sentencing" (2016) 85(2) *Fordham Law Review* 481-502, 501-502.

110 Wiebe E. Bijker, Roland Bal and Ruud Hendriks, *Paradox of Scientific Authority: The Role of Scientific Advice in Democracies* (Cambridge, MA: MIT Press, 2009) 1 [footnote omitted].

어야 한다. 그 후에야 인간 지각의 생리학과 함께 개별 감각 및 모든 감각에 대해 "잠재의식적"(subliminal)이라는 것이 의미하는 바가 무엇인지 밝혀질 것이다.

제3절 잠재의식적 요소를 포함한 AI 시스템의 범위와 성격

잠재의식적 자극 기법에 대한 법적 금지가 정당화될 수 있는지와 그 실현 가능성을 평가하려면, 현재와 미래의 기술을 기준으로 그 법적 금지가 적용될 수 있는 실제 상황을 이해하는 것이 중요하다. 이와 관련하여 AIA 초안이 제출되었을 당시에 EU 내 소관 집행위원들은 "음성 지원을 사용하여 어린이가 위험한 행동을 하도록 조종하는 장난감"의 예를 들었다.[111] 이 예시는 "연령, 신체적 또는 정신적 장애로 인한 특정 집단의 취약성"을 악용하는 AI 시스템을 금지하는 AIA 제5조 제1항 (b)(역자주: 2024년 6월 13일 최종 제정된 AIA 제5조 제1항 (b)에서도 "(b) 개인이나 다른 사람에게 상당한 피해를 유발하거나 합리적으로 유발할 가능성이 있는 방식으로 자연인 또는 특정 집단의 행동을 실질적으로 왜곡할 목적으로 해당인이나 집단의 연령, 장애나 특정한 사회적 또는 경제적 상황으로 인한 취약성을 악용하는 인공지능 시스템의 시장 출시, 서비스 제공 또는 사용"이라는 규정을 두고 있다)와 관련이 있다. 현재로서는 잠재의식적 자극 기법(subliminal techniques)을 활용하는 구체적인 AI 시스템을 지목하거나 심지어 생각해 내는 것조차 어렵다. 따라서 이 문제를 해결하는 좋은 출발점으로는 오랜 기간 동안 이러한 잠재의식적 기법이 금지되어 온 상업 광고 분야를 생각해 볼 수 있다. 이를 아래에서 다룰 것이다.

AI는 광고 분야에서 특히 맞춤형 광고를 통해 그리고 빅데이터, 머신러

---

111 European Commission, "Speech by Executive Vice-President Vestager at the press conference on fostering a European approach to Artificial Intelligence" (21 April 2021); https://ec.europa.eu/commission/presscor ner/detail/en/SPEECH_21_1866.

닝, 신경과학과 결합될 때 효율성을 개선하고 기대하는 결과를 실현하는데 도움이 될 것으로 기대된다.[112] 새로운 과학적 분야로 분류된 뉴로마케팅(neuromarketing)은 "브랜드, 제품 및 제품 라인과 같은 마케팅 자료와 관련된 소비자의 잠재의식적 반응을 다루는 분야"로 정의된다.[113] 이미 소비자 행동과 마케팅의 의사 결정 과정을 연구하기 위해 사용되는 많은 새로운 도구와 기술이 존재하고, 여기에는 뇌파 검사(electroencephalography, EEG), 시선 추적(Eye Tracking, ET), 기능적 자기공명영상(fMRI), 그리고 만물 인터넷(Internet of Everything, IoE) 등이 포함된다.[114]

일반적으로 인공지능은 특히 머신러닝(machine learning)을 통해서 사람들의 효율성과 생산성을 높이고 그들의 성과를 향상시킨다.[115] 시선 추적(Eye-tracking) 기술은 생체 인식 도구(biometric tool)로 현재 컴퓨터 게임, 교육, 엔터테인먼트, 건강, 뉴로마케팅, 심리학 등 다양한 상업 및 연구 분야에서 널리 사용되고 있다. 최근 시선 추적(Eye-tracking) 및 소프트웨어 시뮬레이션 실험은 잠재의식적 현실(subliminal reality)과 환경과의 무의식적 상

---

112 Emmanuel Mogaji, Sunday Olaleye, and Dandison Ukpabi, "Using AI to Personalise Emotionally Appealing Advertisement" in Nripendra P. Rana et al. (eds.), *Digital and Social Media Marketing: Emerging Applications and Theoretical Development* (Cham: Springer, 2020) 137-150.

113 Silvia Klinčeková, "Neuromarketing - research and prediction of the future" (2016) 2(2) *International Journal of Management Science and Business Administration* 53-57, 53.

114 Letizia Alvino et al., "Picking Your Brains: Where and How Neuroscience Tools Can Enhance Marketing Research" (2020) 14 *Frontiers in Neuroscience* 1-25; doi:10.3389/fnins.2020.577666, Chiahui Yen and Ming-Chang Chiang, "Examining the effect of online advertisement cues on human responses using eye-tracking, EEG, and MRI" (2021) 402 (113128) *Behavioural Brain Research* 1-12; https://doi.org/10.1016/j.bbr. 2021.113128 and Seyed Mojtaba Hosseini Bamakan, Aref Toghroljerdib, and Peyman Tirandazib, "Internet of Everything Driven Neuromarketing: Key Technologies and Challenges" (2021) *arXiv:2105.14470*; http s://arxiv.org/abs/2105.14470.

115 Shekhar Suman et al., "Understanding and Improvisation of Human Perception Using Artificial Intelligence and Machine Learning" (2020) 1 *Journal of Mathematical Sciences & Computational Mathematics* 251-256, 251.

호작용에 대한 측면들을 밝혀냈다.[116] 다른 연구에서는 가전제품 사용자에게 제공되는 초의식적이고 잠재의식적인 피드백(supraliminal and subliminal feedback)이 사용자의 에너지 소비에 영향을 미친다는 비인지적 기술(ambient persuasive technology)을 밝혔다. 그러나 가장 중요한 발견은 설득기술(persuasive technology)이 사용자의 의식적 주의를 받지 않고도 사용자를 설득할 수 있다는 점과, "수신자의 통제를 넘어서는 개입(interventions)에 대해서는 세심한 규제가 필요하다"는 잠재의식적 정보(subliminal information)에 대한 윤리적 우려가 있다는 것이다.[117] 에너지를 절약하는 것은 의심할 여지없이 긍정적인 시나리오로 볼 수 있지만, 동일한 기술은 부정적이거나 해로운 효과를 위해서도 사용될 수 있다. 이러한 현상은 "진보"(progress)[118] 또는 "인터넷"(internet)[119]과 같은 다양한 역설(paradoxes)에서도 나타나며, 어떤 기술이 긍정적이거나 부정적인 영향을 미치는지는 그 기술이 어떻게 사용되느냐에 달려있는 것이다.[120]

새로운 기술의 초기 중립성은 이미 검색 엔진(search engines) 등에서 광범위하게 사용되고 있는 추천 시스템(recommender systems)의 예시를 통해서도 설명할 수 있다. 추천 시스템의 목표는 "사용자 집단에게 그들이 관심을

---

116 Alexandros A. Lavdas, Nikos A. Salingaros, and Ann Sussman, "Visual Attention Software: A New Tool for Understanding the "Subliminal" Experience of the Built Environment" (2021) 11 *Applied Sciences* 1-29, 1 and 25; https://doi.org/10.3390/app11136197.

117 Jaap Ham, Cees Midden, and Femke Beute, "Can Ambient Persuasive Technology Persuade Unconsciously? Using Subliminal Feedback to Influence Energy Consumption Ratings of Household Appliances" (2009) 29 *Persuasive '09: Proceedings of the 4th International Conference on Persuasive Technology* 1-6, 4 and 5; https://doi.org/10.1145/1541948.1541988.

118 Blaise Pascal, *The Thoughts of Blaise Pascal* (London: Kegan Paul, Trench & Co., 1885) 57.

119 Robert Kraut et al., "Internet Paradox: A Social Technology that Reduces Social Involvement and Psychological Well-Being?" (1998) 53(9) *American Psychologist* 1017, 1029.

120 Rostam J. Neuwirth, *Law in the Time of Oxymora: A Synaesthesia of Language, Logic and Law (New York: Routledge, 2018) 199.*

가질 만한 항목이나 제품에 대해 의미 있는 추천을 제공하는 것"으로 정의한다.[121] 인터넷 정보 과잉(infoglut)의 시대에 이는 유용한 측면으로 보인다. 추천 시스템은 "수많은 상황에서 관련성 있는 정보를 제공하는, 주로 정보가 과도하게 많아 특정 상황에서 필요한 것을 감지하고 선택하기가 어려운 경우나 정보 자체에 접근할 수 없는 상황을 처리할 수 있는" 능력을 갖추고 있다는 표현으로 설명한다.[122] 동시에 추천 시스템들은 설득의 영역에서 작동하기에 특정 대상들을 조작할 목적으로 사용하기 쉬운 특성을 갖는다. 예를 들면 웹마스터들이 "특정 주제의 검색 결과에서 더 많은 조회수를 얻기 위해 웹 페이지의 실제 내용과 전혀 관련이 없는 색인어(indexing terms)"를 사용하는 관행 또는 "스팸덱싱"(spamdexing)을 사용하는 경우가 있다.[123] 많은 내재된 위험 때문에 추천 시스템은 동물을 잡는 덫과 유사한 "함정"(traps)으로도 간주된다.[124] 또한 이 시스템들은 앞서 언급한 "다크 패턴"(dark patterns)과 같은 잠재의식적 조작(subliminal manipulation)의 형태를 유발할 수 있는 것으로 밝혀졌다.[125] 다크 패턴은 또한 "'비활동(non-action)' 또는 '반활동(anti-action)'의 상태를 유도하는 — 옵트아웃(opt-out) 옵션이 없는 경우, 구독 해지에 어려움을 겪는 상황, 미리 선택된 체크박스, 그리고 결정을 보류하게 만드는 기타 기본 설정(defaults) 등"의 형태로 알려져 있다.[126] 호텔 객실을 예약하려고 할 때 많은 사람들이 이미 "해당 사이트에

---

121 Prem Melville and Vikas Sindhwani, "Recommender Systems" in Claude Sammut and Geoffrey I. Webb (eds.), *Encyclopedia of Machine Learning* (New York: Springer, 2011) 829-838, 829.

122 Mireille Hildebrandt, "The Issue of Proxies: And why EU law matters for recommender systems" (2021) *SocArXiv* 1-26, 3; doi:10.31235/osf.io/45x67.

123 Ira Steven Nathenson, "Internet Infoglut and Invisible Ink: Spamdexing Search Engines with Meta Tags" (1998) 12(1) *Harvard Journal of Law &Technology* 43-148, 46.

124 Nick Seaver, "Captivating algorithms: Recommender systems as traps" (2019) 24(4) *Journal of Material Culture* 421-436, 432.

125 Hildebrandt, *supra* note 125, 8-9.

126 Michael Dieter, "Dark Patterns: Interface Design, Augmentation and Crisis" in David M.

남은 객실은 단 2개뿐입니다" 또는 "지난 10분 동안 3명이 같은 날짜를 조회했습니다"와 같은 메시지로 인해 긴장감을 경험한 적이 있을 것이다. 또한 단순한 잠재의식적 자극 기법(subliminal technique), 즉 미소 짓는 이모티콘이 잠재의식적 메시지(subliminal message)로 삽입된 호텔 동영상을 보여주는 것만으로도 소비자의 호텔 선택에 상당한 영향을 미칠 수 있다는 사실도 밝혀졌다.[127] 다시 말해 추천 시스템은 우리도 모르게 빠져나올 수 없는 상황에 놓이게 할 수도 있는 것이다. 전반적으로 뉴로마케팅(neuromarketing) 및 기타 신경과학 기법은 다른 기술들과 마찬가지로 그 사용이 대체로 윤리적 논란을 야기하며, 잠재적인 오용 가능성이 있다는 공통점을 가진다.[128]

동일한 역설(paradox)은 일반적인 알고리즘에도 적용되는데, 알고리즘은 점점 더 "우리 스스로 자신에 대해 아는 것보다 우리에 대해 더 많이 알고 있다"고 한다.[129] 이 강력한 도구들은 다른 누군가의 손에 넘어가면 사람들의 마음에 큰 영향을 미치게 되며, 그 영향력은 긍정적 목적이든 부정적 목적이든 다양한 방식으로 선택적으로 활용될 수 있다. 이미 이러한 알고리즘은 우리의 결정을 좌우할 뿐만 아니라 우리의 통제를 벗어나 우리의 삶에 영향을 미치는 결정을 하는 많은 분야에서 사용된다는 점이다. 알고리즘이 비밀리에 작동한다는 사실은 특히 잠재의식적 수준(subliminal levels)에 도달하기 쉽다는 특성을 갖게 만드는데, 이로 인해 다음과 같은 말이 나왔다:

Berry and Michael Dieter (eds.), *Postdigital Aesthetics: Art, Computation and Design* (Basingstoke: Palgrave Macmillan, 2015) 163-178, 174.

127 Liwei Hsu and Yen-Jung Chen, "Neuromarketing, subliminal advertising, and hotel selection: An EEG study" (2020) 28 *Australasian Marketing Journal* 200-208, 200.

128 Steven J. Stanton, Walter Sinnott-Armstrong, and Scott A. Huettel, "Neuromarketing: Ethical Implications of its Use and Potential Misuse" (2017) 144 *Journal of Business Ethics* 799-811.

129 Vinita Dawra Nangia "Are we being played by Artificial Intelligence?" *The Times of India* (10 October 2020); https://timesofindia.indiatimes. com/blogs/O-zone/are-we-being-played-by-artificial-intelligence/.

"비밀 유지가 임계점에 다다르고 있고, 우리는 중요한 결정에 대해 아무것도 모르는 상황에 있다. 더 큰 개방성이 반드시 필요하다."[130]

이러한 위험의 예로는 "자동 성별 인식"(Auto Gender Recognition, AGR) 시스템이 타겟 광고에 사용되는 경우에서 확인할 수 있다. 이러한 시스템들은 "남성과 여성 각각이 사용해야 할 물품에 대해 잠재의식적 메시지를 제공함으로써" 성 고정관념(gender stereotypes)을 지속시킬 위험에 처해있다.[131] 광고 분야에서 알려진 이러한 종류의 조작적 관행은 군사 분야에서도 사용될 수 있다. 철저한 비밀 유지하에 운영되는 다양한 보안 및 군사용 AI 응용 프로그램에도 사용될 가능성이 있는 것이다. 신경기술(neurotechnology)과 관련된 다양한 조작 위험들이 이미 확인되었으며, 이에 따라 "향후 이러한 기술이 정교해지고 악의적인 행위자에 의해 오용될 경우 정신 조작(mental manipulation)과 세뇌에 있어 전례 없는 기회를 제공할 수 있다"는 결론이 내려진 바 있다.[132]

군사적 신경기술(neurotechnology)의 응용 분야로는 현재 세 가지 주요 영역이 선정되었다. 구체적으로는 ①뇌-컴퓨터 인터페이스(Brain-Computer Interfaces, BCIs), ②전투원 성능 향상을 위한 신경기술(예: 경두개 전기 자극 기술(transcranial electric stimulation technology)), ③기만, 탐지, 심문을 위한 신경기술 시스템(neurotechnological systems)이다.[133]

특히 뇌-컴퓨터 인터페이스(BCIs)는 점점 더 정교해지고 있으며, 직접적

---

130 Frank Pasquale, *The Black Box Society: The Secret Algorithms that Control Money and Information* (Cambridge, MA: Harvard University Press, 2015) 4.

131 Timnit Gebru, "Data-Driven Claims about Race and Gender Perpetuate the Negative Biases of the Day" in Markus D. Dubber, Frank Pasquale and Sunit Das (eds.), *The Oxford Handbook of Ethics of AI* (Oxford: Oxford University Press, 2020) 253-269, 260.

132 Jean-Marc Rickli and Marcello Ienca, "The Security and Military Implications of Neurotechnology and Artificial Intelligence" in Orsolya Friedrich et al. (eds.), *Clinical Neurotechnology Meets Artificial Intelligence: Philosophical, Ethical, Legal and Social Implications* (Cham: Springer, 2021) 197-214, 207-208.

133 *Ibid.*, 197-214, 209.

및 간접적으로 인간의 정신을 조작하는 기술적 수단으로서 심각한 도전 과제가 될 가능성이 있다. 이미 "뇌-컴퓨터 인터페이스(BCI)는 폐쇄적인 연구실을 벗어나, 예술과 재활부터 게임과 증강현실까지 새로운 활용 사례를 탐색하기 위해 나아가고 있다." 또한 "뇌-컴퓨터 인터페이스(BCI) 도구와 이들이 수집하는 데이터의 접근성, 적응성, 투명성은 우리가 새로운 디지털 시대를 어떻게 집단적으로 헤쳐 나갈 것인지에 영향을 미칠 것으로 보인다."[134]

이와 관련하여 AI의 잠재의식적 자극 기법(subliminal techniques)은 인간-컴퓨터 상호작용(human-computer interaction, HCI)을 개선시키는 것뿐만 아니라 인간의 생산성을 높이는 데에도 적용될 수 있다.[135] 예를 들어 이러한 기법들은 설득력을 갖춘 "사회적 로봇"(social robots) 및 유사한 에이전트(agents)에 적용되어, 이들이 "다이어트 코치, 교사의 보조자, 긴급 대응 요원과 같이 개인, 조직 및 공공의 보조자로서 역할을 수행할 수 있도록" 한다.[136] 또 다른 응용 분야에서는 AI가 "신체 언어를 기반으로 한 논증의 설득력의 중요성을 보여주고자 설득적 단서(persuasive cues)를 시각화"함으로써 신체 언어에 기반한 논증의 중요성을 인식하는 데 사용되었다.[137] 분명

---

134 Guillermo Bernal, Sean M. Montgomery and Pattie Maes, "Brain- Computer Interfaces, Open-Source, and Democratizing the Future of Augmented Consciousness" (2021) 3: 661 300 *Frontiers in Computer Science* 1-14, 10; https://doi.org/10.3389/fcomp.2021.661 300.

135 Andreas Riener et al., "Subliminal Communication in Human-Computer Interaction" (2011) 2011 *Advances in Human-Computer Interaction* 1-3; https://doi.org/10.1155/2011/156028 and Walter Ritter, "Benefits of Subliminal Feedback Loops in Human-Computer Interaction" (2011) 2011 *Advances in Human-Computer Interaction* 1-11; https://doi.org/10.1155/2011/346492.

136 Vijay Chidambaram, Yueh-Hsuan Chiang and Bilge Mutlu, "Designing Persuasive Robots: How Robots Might Persuade People Using Vocal and Nonverbal Cues" (2012) 2012 *7th ACM/IEEE International Conference on Human-Robot Interaction (HRI)* 293-300, 293; https://doi.org/10.1145/2157689.2157798.

137 Klaus Weber et al., "Towards Demystifying Subliminal Persuasiveness: Using XAI- Techniques to Highlight Persuasive Markers of Public Speeches" in Davide Calvaresi et al. (eds.),

히 동일한 기술은 바람직한 목적과 바람직하지 않은 목적 모두에 사용될 수 있음을 알 수 있다. 한편으로 "가짜 뉴스"(fake news)나 "딥페이크"(deep fakes)를 감지하는 동시에, 다른 한편으로 이러한 가짜 콘텐츠를 생성하는 인공지능의 사용과 같이 흔히 접하게 되는 역설적 모호성(paradoxical ambiguity)을 알 수 있다.[138]

따라서 동일한 기술은 사용자에게 해를 끼칠 의도로 사용될 수도 있다. 이미 잠재의식적 제안(subliminal suggestions) 및 마음 통제(mind control)에 활용될 수 있는 다양한 기술들이 존재한다. 좋은 예시로 "두뇌 스파이웨어"(brain spyware)가 있는데, 이 용어는 "개인정보를 감지하도록 의도적으로 설계된 소프트웨어"를 의미한다.[139]

이 기술은 실험실에서 브레인 해커(brain hackers)들이 뇌-컴퓨터 인터페이스(BCI) 사용자의 두뇌에서 시각적 자극을 보여주고, 기계 학습 모델을 사용해 뇌의 반응을 통해 은행 정보, 인식된 얼굴, PIN 번호, 거주지 위치 및 출생 월과 같은 개인정보를 유추할 수 있음을 보여주었다.[140]

더 우려스러운 점은 이러한 공격이 잠재의식적으로 이뤄질 수 있다는 것, 즉 대상의 의식적 지각(conscious perception) 아래에서 이루어질 수 있다

Explainable, Transparent Autonomous Agents and Multi-Agent Systems (Cham: Springer, 2020) 113-128.

138 Rostam J, Neuwirth. "The Regulation of 'Fake News' in the Time of Oxymora: Facts and Fictions about the Covid-19 Pandemic as Coin-cidences or Predictive Programming?" (2021) *International Journal for the Semiotics of Law* 1-27; https://doi.org/10.1007/s11196-021-09840-y.

139 Ivan Martinovic et al., "On the feasibility of side-channel attacks with brain-computer interfaces" (2012) *Proceedings of the 21st USENIX Security Symposium*, 143-158, 145; https://www.usenix.org/conference/usenixsecurity12/technical-sessions/presentation/martinovic.

140 Dustin Steinhagen and Houssain Kettani, "An Inventory of Existing Neuroprivacy Controls" (2020) *ICISDM 2020: Proceedings of the 2020 the 4th International Conference on Information System and Data Mining* 77-83, 78; https://doi.org/10.1145/3404663.3404664.

는 것이다.[141] 마찬가지로 겉보기에는 무해한 뇌-컴퓨터 인터페이스(BCI) 및 건강(fitness)이나 수면을 추적하는 데 사용되는 웨어러블 건강기기(wearable health devices)와 같이 다양한 감각을 표적으로 삼은 다른 잠재의식적 장치들(subliminal devices)은 비록 "학습 목적을 위해 기억 통합을 촉진하고, 기분과 건강(wellbeing)을 향상시키거나 심지어 원격 통신시 사람들의 경험을 개선하는 것"을 의도했지만,[142] 여전히 사용자가 알아채지 못하게 그들의 마음을 조작하는 데 악용될 수 있다는 것이다.

뇌는 사람이 잠을 자는 동안에도 해킹당할 수 있다. 모든 사람이 잠을 자야 하고 실제로 잠을 자며, 또한 모두가 꿈을 꾼다는 사실은 일반적으로 받아들여지는 사실이다.[143] 우리의 이해를 벗어나는 수면과 꿈에 대한 많은 질문들은 여전히 존재하지만, 우리는 잠을 자는 동안에도 정보를 처리하고 심지어 감각적 정보 처리 역시 수면 중에 계속된다는 사실을 알고 있다.[144] 수면 중에도 정보 처리가 계속된다는 사실은 곧 우리가 잠든 동안에도 뇌와 행동이 적극적으로 영향을 받거나 조작될 수도 있음을 의미한다. 이러한 영향력의 한 형태로 고대부터 "꿈 배양"(dream incubation)이라는 용어가 알려져 있는데, 이것은 "개인이 의도적으로 도움이 되는 꿈을 불러일으키기 위해 사용하는 관행, 의식, 기술 및 노력"을 의미한다.[145] 최근에는 기술을

---

141 Mario Frank et al. "Using EEG-based BCI devices to subliminally probe for private information" (2017) *Proceedings of the 2017 Workshop on Privacy in the Electronic Society* (*WPES'17*) 133-136, 133; https://doi.org/10.1145/3139550.3139559.

142 Judith Amores and Pattie Maes, "Influencing Human Behavior by Means of Subliminal Stimuli using Scent, Light and Brain Computer Interfaces" (2016) *PETRA '16: Proceedings of the 9th ACM International Conference on PErvasive Technologies Related to Assistive Environments* 1-4; https://doi.org/10.1145/2910674.2935853.

143 J.F. Pagel, "Non-dreamers" (2003) 4(3) *Sleep Medicine* 235-241, 235.

144 Adam Haar Horowitz et al., "Dormio: A Targeted Dream Incubation Device" (2020) 83 *Consciousness and Cognition* 1-28, 2; https://doi.org/10.1016/j.concog.2020.102938.

145 Tore Nielsen, *Dream incubation: ancient techniques of dream influence* (Montreal: Dream & Nightmare Laboratory, 2012); http://www.dreamscience.ca/en/documents/New% 20content/incubation/Incubation%20overview%20for%20website%20updated.pdf.

활용한 유사한 종류의 조작과 "꿈 해킹 기법"(dream-hacking techniques)에 대한 설명이 있었는데, 이러한 기법들은 우리가 창조하고, 치유하며, 즐기는 데 도움이 될 수도 있지만 동시에 상업적 조작 도구가 될 수도 있다.[146] 실험 결과에 따르면 "낮잠을 자는 동안 익숙하고 가치 있는 스낵의 이름을 들려주면, 그렇지 않은 항목에 비해 해당 간식에 대한 선호도가 상당히 증가한다"는 사실이 확인되었다.[147] "꿈 배양 장치"(dream incubation device)와 같은 더 교묘한 기법은 사람을 신중하게 조작하여 아주 다른 두 가지 결과, 즉 유익한 또는 해로운 결과 중 하나로 이르게 하기 위한 "수면 해킹"(sleep hacking)을 위해서도 사용될 수 있다. 핵심 질문은 잠자는 사람에게 미치는 효과를 하나 이상의 감각에 영향을 미치는 잠재의식적(subliminal) 및 초의식적(supraliminal) 기법을 사용해서도 달성할 수 있는지 여부이다. 실험 결과에 따르면 깨어 있는 동안의 잠재의식적 자극(subliminal stimuli)이 수면에 영향을 미칠 수 있다는 것이 확인되었기 때문에,[148] 이러한 자극이 수면 중에도 효과를 발휘하지 못할 이유가 없어 보인다. 규제적 관점에서 보면 사람이 잠을 자는 동안에는 어떤 정보도 인식하기 어렵기 때문에, 수면 중에 사용되는 이러한 기술이 정의상 잠재의식적 기법(subliminal technique)이 되는지 여부도 흥미로운 논점이 될 수 있다.[149]

그러나 우리가 이미 알고 있는 것보다 더 심각한 도전 과제는 기존 및 미래의 다양한 AI 시스템을 창의적으로 결합함으로써 등장할 것인데, 이러한

---

146 Adam Haar Horowitz, Robert Stickgold, and Antonio Zadra, "Inside your dreamscape", *Aeon* (19 November 2021); https://aeon.co/essays/dreams-are-a-precious-resource-dont-let-advertisers-hack-them.

147 Sizhi Ai et al., "Promoting subjective preferences in simple economic choices during nap" (2018) 7(e40583) *eLife* 1-21, 1; https://doi.org/10.7554/eLife.40583.

148 Charles Fisher and I.H. Paul, "The effect of subliminal visual stimulation on images and dreams: A validation study" (1959) 7 *Journal of the American Psychoanalytic Association* 35-83, 80.

149 Michael Prost, "Unconsciousness, Subconsciousness & the Creation of Consciousness" (2019) 10(5) *Journal of Consciousness Exploration & Research* 380-390 383.

시스템은 잠재의식적(subliminal), 초의식적(supraliminal), 뇌-컴퓨터 인터페이스(BCI) 기법뿐만 아니라 기타 장치와 결합한다.[150] 예를 들어 "감성 컴퓨팅"(affective computing) 형태의 뇌-컴퓨터 인터페이스(BCI)는 기술이 인간의 감정뿐만 아니라, ─ 아마도 웨어러블 건강 기기(wearable health devices) 개발의 급속한 발전에 따라[151] ─ 우리의 가장 내밀한 생각과 감정까지도 접근할 수 있게 할 가능성이 있다. 감성 컴퓨팅은 기술이 "누군가의 감정이나 정서에 접근할 수 있게 한다."고 설명한다. 또한 이는 미래의 다양한 응용 가능성을 열어주고 그 결과 윤리, 프라이버시, 비용 효율성 등 많은 우려를 초래한다.[152] 이와 같은 우려는 임상 실습에서 AI를 구현함에 있어서도 제기되었는데, 이 영역은 "정밀 의학(precision medicine), 유전체학(genomics), 원격 진료(teleconsultation) 등 다른 현대 의학 분야들과 함께 빠르게 발전하는" 유망한 분야이다.[153] 결론적으로, AI, IoT, 로봇, 웨어러블 및 기타 건강 기기(예: 전자 약물 분배기(electronic medicine dispensers), 수면 중 잠재의식적 메시지를 재생하는 불안 감소 프로그램 등)의 전망은 우리가 어떤 종류의 미래가 바람직한지에 대해 깊이 고민해야 한다는 중요한 경고를 한다. 특히 정신건강 교육자, 연구자, 실무자들은 "가상 정보 시대(virtual information age)의 주요 윤리적, 문화적, 사회적, 정치적 함의에 대해" 더 깊은 성찰이 필요하다.[154]

---

150 Bernd W. Wirtz, Jan C. Weyerer, and Benjamin J. Sturm, "The Dark Sides of Artificial Intelligence: An Integrated AI Governance Framework for Public Administration" (2020) 43(9) *International Journal of Public Administration* 818-829, 820-822.

151 Qiongfeng Shi et al., "Progress in wearable electronics/photonics - Moving toward the era of artificial intelligence and internet of things" (2020) 2 *InfoMat* 1131-1162; https://doi.org/10.1002/inf2.12122.

152 Tara J. Brigham, "Merging Technology and Emotions: Introduction to Affective Computing" (2017) 36(4) *Medical Reference Services Quarterly* 399-407, 405.

153 Giovanni Briganti and Olivier Le Moine, "Artificial Intelligence in Medicine: Today and Tomorrow" (2021) 7(27) *Frontiers in Medicine* 1-6, 4; https://doi.org/10.3389/fmed.2020.00027.

154 Evonne Miller and Debra Polson, "Apps, Avatars, and Robots: The Future of Mental Healthcare" (2019) 40(3) *Issues in Mental Health Nursing* 208-214, 208; https://doi.org/

요약하자면, 현재와 미래의 뇌-컴퓨터 인터페이스(BCI) 및 기타 기술들은 인공지능(artificial intelligence)과 인간지능(human intelligence), 인간(humans)과 기계(machines) 사이뿐만 아니라, 마음과 기계에 의한 통제와 자신 또는 타인에 의한 통제 사이의 경계도 더욱 무너뜨릴 것이다. 이와 같은 변화는 자율 무기 시스템(autonomous weapons systems)과 같은 군사적 AI 활용에도 동일하게 적용되는데, 이러한 시스템은 "AI가 최고위급 정치적 의사결정자부터 현장의 보병까지 다양한 계층의 행위자들의 분석을 지원할 잠재력을 가지고 있다."고 한다.[155] 일반적으로 AI 시스템의 자율성은 법치주의가 인간의 행위주체성(human agency)에 기반을 두고 있다는 패러다임을 위협한다.[156] 동시에 많은 행동이 잠재의식적인 방식(subliminal manner)으로 행해지는 것도 다층적인 과정으로, 인간의 자율성(human autonomy)은 잠재의식적 자극 기법(subliminal techniques)을 규제할 필요성을 더욱 강조한다.[157]

일반적으로 수많은 사례들은 AI가 이중용도(dual-use)의 기술 분야임을 확인시켜 준다. AI가 다른 이중 용도 제품들과 마찬가지로 민간 및 군사적 활용 가능성을 모두 가지며, 그 경우 경계가 종종 모호하다는 것을 의미한다. 따라서 AI는 "민간 및 군사적 용도로 모두 활용될 수 있으며, 더 나아가 유익한 목적과 해로운 목적 모두에 사용될 수 있다"고 적절히 평가한다. 또한 "어떤 지능을 필요로 하는 작업은 무해하지만 다른 작업은 그렇지 않다는 점을 고려할 때, 인공지능은 인간지능과 마찬가지로 이중용도이다."라

10.1080/01612840.2018.1524535.

155 Niklas Masuhr, "AI in Military Enabling Applications" *CSSCSS Ana – lyses in Security Policy* (Center for Security Studies (CSS), ETH Zurich (29 October 2019); https://doi.org/10.3929/ethz-b-000367663.

156 Simon Chesterman, "Artificial Intelligence and the Problem of Autonomy" (2020) 1(2) *Notre Dame Journal on Emerging Technologies* 210-250, 248.

157 Roger Clarke, "Why the world wants controls over Artificial Intelligence" (2019) 35 *Computer Law & Security Review* 423-433, 427.

는 평가도 존재한다.[158] 정치적 안보 측면에서만 보더라도 AI의 이중용도(dual-use)와 관련한 여러 조작적 활용 사례가 명확히 언급된 바 있다. 그 예시에는 반대 의견을 억압하기 위한 자동화된 감시 플랫폼, 현실감 있는 가짜 영상 및 오디오를 활용한 허위 뉴스 보도, 자동화되고 극도로 개인화된 허위 정보 캠페인, 정보 차단 공격, 그리고 정보 접근성을 조작하는 행위 등이 포함된다.[159] 이와 관련한 또 다른 좋은 예로는 구글(Alphabet Inc. 회사)이 미 국방부의 "프로젝트 메이븐"(Project Maven)에 참여한 사례를 들 수 있다. 이 프로그램은 "영상 이미지의 해석에 인공지능을 활용하고, 결과적으로 이를 드론 공습(drone strikes)의 타격 정확도를 향상시키는 데 사용될 수 있다"고 한다.[160]

이러한 이유로 인공지능법 초안(AIA) 제2조(3)(역자주: 2024년 6월 13일 최종 제정된 AIA 제2조 제3항에서도 "… 이 규정은 군사, 국방 또는 국가안보의 목적으로만 수정하거나 수정하지 아니하고 시장에 출시하거나 서비스를 제공하거나 사용하는 인공지능시스템에는 적용되지 아니한다. 다만 해당 활동을 수행하는 기관의 종류는 묻지 아니한다."라는 규정을 두고 있다) 및 최종 입법된 AIA 제2호 제3항에서도 "군사적 목적에만 개발되거나 사용되는 AI 시스템"은 해당 법을 적용하지 않도록 규정했다. 이 조항은 새로운 법적 체계에서 중요한 공백 또는 "법적 허점"(legal gap)을 초래한다. 게다가 EU 내부에서도 규제의 충돌 상황을 초래한다며, 다음과 같이 정리했다.

> 군사 AI를 이번 법안(Proposal)의 적용 범위에서 제외하여 심각한 우려를 발생

---

158 Miles Brundage et al., "The Malicious Use of Artificial Intelligence: Forecasting, Prevention, and Mitigation" Future of Humanity Institute, University of Oxford (February 2018) 16; https://arxiv.org/ftp/arxiv/pap ers/1802/1802.07228.pdf.

159 *Ibid.*, 28-29.

160 Penny Crofts and Honni van Rijswijk, "Negotiating 'Evil': Google, Project Maven and the Corporate Form" (2020) 2(1) *Law, Technology and Humans* 1-16, 1; https://doi.org/10.5204/lthj.v2i1.1313.

> 시켰다. 이는 자율 치명 무기(autonomous lethal weapons)와 관련된 위험성 때문만이 아니라, 유럽연합(EU) 자체가 유럽방위기금(European Defence Fund)을 통해 군사 AI 시스템 개발에 적극적으로 참여하고 있다는 점에서도 마찬가지다. 이러한 참여에는 무장 가능성을 갖춘 소위 "유로드론"(Eurodrone)의 개발도 포함된다. 즉 유럽연합 자체가 자율 치명 무기와 관련된 위험에 적극적으로 기여하고 있는 것으로 간주될 수 있다.[161]

이러한 이유들로 인해 군사 AI와 관련된 법적 보호의 공백(legal gap)을 해결해야 한다. 이상적으로는 모든 AI 응용 기술을 향후 인공지능을 규율하는 법적 체계 안에 포함시켜 궁극적으로는 법치(rule of law)의 통제하에 놓여야 한다. 그렇지 않으면 특정 분야나 당국이 법을 초월하여 행동하는 것을 명시적으로 허용하는 것으로, 이는 일종의 제도적 위선(institutional hypocrisy)이 될 것이다. 일반적으로 다양한 분야에서 인공지능 및 머신러닝 기술을 활용한 기존 기술들을 살펴보면, "점점 더 자동화되는 공공 영역을 규율하기 위한 보다 구체적인 법률을 개발하는 것"이 매우 시급하고 중요한 과제라는 결론에 도달한다.[162] 인공지능의 향후 응용 가능성과 군사 및 민간 사용 간의 예측가능한 융합가능성은 이러한 문제의 시급성을 더욱 높이고 있는 것이다. 게다가 여러 기존 및 미래의 AI 시스템과 관련 기술들은 새로운 이른바 "신경 범죄"(neurocrimes)의 원칙과 "누적적 피해"(cumulative harms)로 인한 손해를 포함하여 불법행위와 인과관계에 대해 새로운 이해를 둘러싸고 더 많은 논쟁을 불러일으킨다. 그러나 최종 결론을 내리기에 앞서 다양한 수준의 심리적 통제를 행사하려는 목적으로 사용되는 여러 가지 유형의 잠재의식적 기법과 관련된 다른 법률과 사례들을 다시 검토하도록 한다.

---

161 Smuha et al., *supra* note 92, 18 [footnote omitted].

162 Frank Pasquale, *New Laws of Robotics: Defending Human Expertise in the Age of AI* (Cambridge, MA: The Belknap Press, 2020) 110.

제2장

잠재의식적 지각과 법

제 2 장 잠재의식적 지각과 법

잠재의식적 지각(subliminal perception)과 법의 관계를 살펴보기 전에 최신 과학적 연구 결과와 무의식(unconscious)에 대한 새로운 이해를 먼저 살펴보자. 우리의 전체 인지 기능 중 단 5%만이 의식적으로 이루어지고, 나머지 95%는 우리의 인식 범위를 벗어나 있다. 하지만 이 역시도 삶에 여전히 중요한 영향을 미친다.[1] 잠재의식적 자극 기법을 활용하는 AI 시스템의 금지 조치가 적절한지를 평가하기 위해서는 먼저 잠재의식적 지각의 문제와 관련된 기존의 규제 접근 방식을 조사하는 것이 필요하다. 이와 관련한 가장 대표적인 사례로는 EU를 비롯한 전 세계의 여러 법역에서 채택한 잠재의식적 광고(subliminal advertising) 관행의 금지가 있다. 이에 대해 자세히 살펴보기 전에 먼저 잠재의식적 광고 자체의 문제를 검토한다.

제1절 동기 연구와 숨겨진 설득자들

인류의 태동기부터 잠재의식적이거나 인식되지 않는 정보원에 대한 관심이 있었다. 고대 그리스 철학자 데모크리토스(Democritus)는 "우리의 감각에 맞춰져 있지 않아서 우리가 인식하지 못하는 것 중에서도 지각할 수

---

1 Leonard Mlodinov, *Subliminal: How Your Unconscious Mind Rules Your Behaviour* (New York: Vintage Books, 2012) 34 and John A. Bargh and Tanya L. Chartrand, "The unbearable automaticity of being"(1999) 54 American Psychologist 462-479, 462.

있는 것들이 많다"고 믿었다고 전해진다.[2] 현대에 들어서는 비엔나 출신의 신경학자 오토 페츨(Otto Pötzl)이 20세기 초반 잠재의식적 지각(subliminal perception)에 대하여 과학적으로 중요한 발견을 최초로 한 연구자로 평가받는다.[3] 그의 연구는 "페츨 현상"(Pötzl phenomenon)으로 불렸는데, "잠재의식적으로 제시된 단어나 이미지가 일정 시간이 지난 후에 상상이나 꿈 속에 나타날 수 있다"는 점을 보여줬다.[4] 이러한 현상은 의식(conscious), 잠재의식(subconscious), 그리고 의식의 수면 상태(sleeping states of mind) 사이의 흥미로운 연결 고리를 제시했다. 곧이어 이러한 심리학적 발견을 시장조사 분야에 적용하려는 시도도 이루어졌다.[5] 즉 동기 연구(motivational research)가 심리학과 마케팅의 응용과학 사이의 연결 고리 역할을 하게 된 것이다.[6]

오늘날의 잠재의식적 광고는 흔히 1957년 미국의 한 영화관에서 진행된 한 실험과 연관된다. 이 실험은 잠재의식은 인식할 수 있지만 눈에는 보이지 않는 메시지를 화면에 번쩍이듯 보여주는 기계 장치인 타키스토스코프(tachistoscope)를 사용하여, 영화를 상영하는 동안 5초마다 화면에 잠재의식적인 메시지를 1/3000초 동안 투사한다. 메시지에는 흰색 글씨로 "팝콘을 먹어라"(Eat Popcorn)와 "코카콜라를 마셔라"(Drink Coca-Cola)라고 쓰여 있었다.[7] 해당 실험은 팝콘 판매량을 57.1%, 코카콜라 판매량을 18.1% 증가시

---

2 Eduard Zeller, *A History of Greek Philosophy: From the Earliest Period to the Time of Socrates*, vol. II (London: Longmans, Green & Co, 1881) 267.

3 Otto Pötzl, "The relationship between experimentally induced dream images and indirect vision" (1960) 2(3) *Psychological Issues 41-120.*

4 Gary R. VandenBos (ed.), *APA Dictionary of Psychology*, 2nd ed. (Washington: American Psychological Association, 2015) 816.

5 Paul F. Lazarsfeld, "The psychological aspect of market research" (1934) 14(1) *Harvard Business Review* 54-71.

6 Ron Fullerton, "The beginnings of motivation research, 1934-1954: a prequel to Fullerton 2013" (2015) 7(4) *Journal of Historical Research in Marketing* 509-523.

7 Wilson Bryan Key, *Subliminal Seduction: Ad Media's Manipulation of a Not $o Innocent America* (New York: Signet, 1973) 21 and Paul J. Albanese, "The unconscious processing

켰다고 한다. 이러한 연관성의 기원은 심리학을 시장 조사에 적용하는 데 관심을 가졌던 제임스 비커리(James Vicary)로 거슬러 올라간다.[8] 그리고 잠재의식적 광고가 행동에 미칠 수 있는 영향은 이후에 밴스 패커드(Vance Packard)가 저술한 『숨겨진 설득자들(The Hidden Persuaders)』이 출간된 이후에 더욱 주목받았는데,[9] 저자는 책의 결론에서 다음과 같이 서술했다.

> 내가 보기에 많은 심층 조작자(depth manipulators)들이 저지르는 가장 심각한 범죄는 우리의 정신적인 프라이버시를 침해하려 한다는 점이다. 우리 마음 속의 프라이버시권도 —합리적이든 비합리적이든— 우리가 반드시 보호해야 한다.[10]

얼마 전까지만 해도 잠재의식적 광고의 효과에 대한 논쟁은 여전히 제임스 비커리(James Vicary)가 발표한 연구 결과를 둘러싸고 이뤄진 논란에 가려져 있었다. 그의 실험은 종종 조작된 것(hoax)으로 간주되었고, 신화(myth)라고 불리기도 했다.[11] 잠재의식적 자극(subliminal stimuli)의 효과에 대한 의문이 진지하게 받아들여지지 않은 것은 아마도 조작 가능성 때문이었을 것인데, 한동안 이러한 논란은 계속되었다. 예를 들어 1990년대 후반에도 주요 학술지들에서는 잠재의식적 광고에 대한 입장이 여전히 나뉘어 있었다고 전해진다.[12] 즉 여전히 잠재의식적 광고(subliminal advertising)가

---

information" (2015) 15(1) *Marketing Theory* 59-78, 60.

8 James Vicary, "How Psychiatric Methods Can be Applied to Market Research" (1951) 235(6) *Printer's Ink* 39-48.

9 Vance Packard, *The Hidden Persuaders* (New York: Ig Publishing, 2007).

10 *Ibid.*, 240.

11 Anthony R. Pratkanis et al., "Is Subliminal Persuasion a Myth?" in Jason A. Nier (ed.), *Taking Sides: Clashing Views in Social Psychology* (New York: McGraw-Hill, 2007) 230-255 and Ap Dijksterhuis, Henk Aarts, and Pamela K. Smith, "The Power of the Subliminal: On Subliminal Persuasion and Other Potential Applications in Ran R. Hassin, James S. Uleman, and John A. Bargh (eds.), *The New Unconscious* (Oxford: Oxford University Press, 2005) 77-106, 79.

12 Charles Trappey, "A Meta-Analysis of Consumer Choice and Subliminal Advertising"

효과가 없다고 잘못 가정하는 경우가 많았다.[13]

그러나 오늘날에는 잠재의식적 자극(subliminal stimuli)의 일반적인 효과는 과학적으로 입증된 것으로 받아들여지고 있다. 2006년에는 두 가지 유사한 실험을 수행했는데, 이 실험의 목적은 "음료 브랜드 이름을 잠재의식적으로 자극했을 때 사람들이 그 브랜드를 선택하는 데 영향을 미치는지, 그리고 그 영향이 개인의 갈증 느낌에 따라 달라지는지"를 평가하는 것이었다.[14] 두 연구의 결과 모두 "음료 브랜드 이름(예: Lipton Ice)의 잠재의식적인 점화(subliminal priming)가 참가자들의 해당 브랜드에 대한 선택과 마시려는 의도에 긍정적인 영향을 미쳤지만, 그 효과는 갈증을 느낀 참가자들에게만 나타났다"고 나왔다.[15] 대략 같은 시기에 이전의 논란들이 재조명되었는데, "잠재의식적 메시지에 의해 영향을 받을 수 있는 행동의 범위나 성격에 대해서는 여전히 논란이 존재하지만, 적절하게 제시된 잠재의식적 정보는 처리되고 기억되며 행동으로 이어진다는 점에는 의심의 여지가 없다"는 결론에 도달했다.[16] 여기서 중요한 점은 잠재의식적 메시지가 은유와 마찬가지로 인간의 생각에 영향을 미칠 뿐만 아니라, 실제로 인간의 행동까지 변화시킨다는 연구 결과에 있다.[17] 마지막으로 2011년 한 편집 노트에서는 신경마케팅(neuromarketing) 분야에서 잠재의식적 점화(subliminal prime)의 효과는 이제 "소비자의 행동에 영향을 미치는지 여부"가 아니

(1996) 13(5) *Psychology & Marketing* 517-530, 519.

13 Christian Fichter, "Werbung" in Christian Fichter (ed.), *Wirtschaftspsychologie für Bachelor* (Berlin: Springer, 2018) 99-130, 114.

14 Johan C. Karremans, Wolfgang Stroebe, and Jasper Claus, "Beyond Vicary's fantasies: The impact of subliminal priming and brand choice" (2006) 42 *Journal of Experimental Social Psychology* 792-798, 797.

15 *Ibid*.

16 Eldon Taylor, "Subliminal Information Theory Revisited: Casting Light on a Controversy" (2007) 10(3) *Annals of the American Psychotherapy Association* 29-33, 29 [*Italics* added].

17 George Lakoff and Mark Johnson, *Metaphors We Live By* (Chicago: The University of Chicago Press, 1980) 3.

라 "어떻게 영향을 미치는지"에 대한 문제라고 언급했다.[18] 추가 연구를 통하여 잠재의식적 설득(subliminal persuasion)에는 여러 가지 형태가 있다는 것도 확인했다. 예를 들어 점화(priming)란 "단어나 기호의 제시가 참가자들이 이후에 제시되는 단어나 기호를 해석하는 방식에 대해 영향을 미칠 때" 촉발될 수 있는데, 이를 "의미적 점화"(semantic priming)라고 한다.[19] 이 맥락에서도 가장 논란이 되는 질문 중 하나는 "의식적(conscious) 대 무의식적(unconscious)" 또는 "잠재의식적(subliminal) 대 초의식적(supraliminal)"이라는 뇌 인식의 이분법에 관한 것이다.[20] 이러한 질문은 의미적 점화(semantic priming)에 대해 "점화(prime)가 식별되지 않거나 그 존재를 감지할 수 없는 조건에서도 발생할 수 있는가"를 묻는다.[21] 일반적으로 점화(Priming)란 잠재의식적(subliminal) 및 초의식적(supraliminal) 기술들이 효과적이지만, 노출 빈도와 같은 다양한 추가 요인,[22] 그리고 관심, 동기, 인식 또는 소비자나 대상의 특정 전제 조건의 보편성[23]과 같이 성격과 관련된 특성[24]에 의해 크게 좌우된다는 것을 보여준다. 특히 이러한 상황에서는 빅데이터 수집, 프

---

18 Tanya L. Chartrand and Gavan J. Fitzsimons, "Nonconscious Consumer Psychology" (2011) 21 *Journal of Consumer Psychology* 1-3, 3.

19 VandenBos, *supra* note 4, 960.

20 Sid Kouider et al., "Cerebral Bases of Subliminal and Supraliminal Priming during Reading (2007) 17 *Cerebral Cortex* 2019-2029, 2019.

21 Timothy O. McNamara, *Semantic Priming: Perspectives from Memory and Word Recognition* (New York: Psychology Press, 2005) 105.

22 R.B. Zajonc, "Attitudinal effects of mere exposures" (1968) 9(2) *Journal of Personality and Social Psychology* 1-27, 23 and R.B. Zajonc, "Mere exposure: A gateway to the subliminal" (2001) 10 *Current Directions in Psychological Science* 224-228, 227.

23 Brandon Randolph-Seng and Robert D. Maher, "Does Subliminal Persuasion Work? It Depends on Your Motivation and Awareness" (2009) 33 *Skeptical Inquirer* 49-53.

24 Norman F. Dixon and Susan B.A. Henley, "Personality Factors and Subliminal Perception" in Uwe Hentschel, Gudmund Smith, and Juris G. Draguns (eds.) *The Roots of Perception: Individual Differences in Information Processing within and beyond Awareness* (Amsterdam: Elsevier, 1986) 39-47.

로파일링, 타겟 광고, 기타 몰입형(immersive) 및 신경마케팅(neuromarketing) 기반 애플리케이션의 조합이 잠재의식적 자극(subliminal stimuli)의 전반적인 효과를 높일 것으로 예상된다.[25] 이러한 현상은 이미 개인화된 형태의 광고에서도 나타나고 있는데, 다음과 같이 설명한다:

> 개인화된 광고는 실제로 사람의 생각, 감정, 특정 상황에 대한 반응 등 개인에 대한 세부적인 지식을 바탕으로 사람들의 선택을 조작하려고 시도한다. 이러한 접근법은 인간의 의사 결정 과정에서 나타나는 편향과 잠재의식적 메시지(subliminal messages)를 활용하여 점점 더 큰 효과를 나타낸다. 이러한 기술들은 사람들의 잠재의식에 접근하여 그들이 자신의 행동을 유발한 이유를 반드시 인식하지는 못하게 만드는데, 이것은 마치 최면 상태에서의 행동과 유사하다.[26]

다양한 설득 기술들은 또한 "사람들의 태도나 행동을 변화시키도록 설계된 모든 상호작용의 컴퓨팅 시스템"으로 정의한다.[27] 광고에서 잠재의식적 자극 기법이 활용되는 사례는 증가할 것이다. 이러한 기술은 "다크패턴"(dark patterns), "잠재의식적 설득"(subliminal persuasion), "잠재의식적 점화"(subliminal priming)와 유사하거나 동일한 개념으로, 광고와 마케팅에만 국한되지 않는다. 반대로 동일한 잠재의식적 자극 기법들은 이미 공적 관계(public relations), 선전(propaganda), 협상(negotiation), 심지어 종교(religion)와 같은 다른 분야에도 적용되고 있으며, 앞으로 이러한 적용 사례는 더욱 증

---

25 Jeff Chester, "Cookie Wars: How New Data Profiling and Targeting Techniques Threaten Citizens and Consumers in the 'Big Data' Era" in Serge Gutwirth et al. (eds.), *European Data Protection: In Good Health?* (Dordrecht: Springer, 2012) 53-77, 53-55.

26 Dirk Helbing, "Societal, Economic, Ethical and Legal Challenges of the Digital Revolution: From Big Data to Deep Learning, Artificial Intelligence, and Manipulative Technologies" (2015) *arXiv:1504.037516-7* [*Italics* added]; https://arxiv.org/abs/1504.03751.

27 Wolfgang Reitberger et al., "Ambient Persuasion in the Shopping Con- text" in Jörg Müller, Florian Alt, and Daniel Michelis (eds.), *Pervasive Advertising* (London: Springer, 2011) 309-323, 310 and 322.

가할 것이다.[28]

심지어 법률 및 정책 결정 분야에서도 특정 정책 목표를 달성하기 위해 사용하는 "넛징"(nudging)이라는 조작적 관행과 잠재의식적 광고(subliminal advertisements) 사이의 유사성이 제시되어 왔다.[29] "현대적 형태의 온정주의"(a modern form of paternalism)로 불리는 넛징은 빅데이터와 인공지능의 활용으로 크게 도움을 받을 것인데, 잘못된 정보(misinformation)와 권력 남용(power abuse), 잠재의식적 조작(subliminal manipulation)의 그늘 아래에서의 넛징은 사람들의 민주적인 권리에 해로울 수 있다는 경고를 이미 제기한 바 있다.[30] 동시에 넛징은 "규제 역량이 인공지능을 포함한 새로운 기술 발전 속도를 따라가지 못하고 있다"는 점에서, 인공지능 규제가 부족함으로써 발생할 수 있는 잠재적인 위험 요소들에 대응하는 방법으로도 인정받아 왔다.[31] 전반적으로 넛징과 인공지능의 트렌드는 "**컴퓨터를 프로그래밍하는 것에서 사람을 프로그래밍하는 것**"으로 변화하고 있다.[32]

일반적인 광고에서 조작(manipulation)이란 잠재의식적 광고(subliminal advertisement), 위장 광고(disguised advertisement), 왜곡 광고(distorting advertisement)의 세 가지 형태로 나눠볼 수 있다. 그러나 이 모든 경우의 본질적

---

28 Dave Lakhani, *Subliminal Persuasion: Inffluence & Marketing Secrets They Don't Want You To Know* (Hoboken, NJ: John Wiley & Sons, 2008) 2 and Erin J. Strahan, Steven J. Spencer, and Mark P. Zanna, "Subliminal priming and persuasion: Striking while the iron is hot" (2002) 38 *Journal of Experimental Social Psychology* 556-568.

29 Richard H. Thaler and Cass R. Sunstein, *Nudge: Improving Decisions About Health, Wealth, and Happiness* (New Haven, CT: Yale University Press, 2008) 244.

30 Julia Puaschunder, *Behavioral Economics and Finance Leadership* (Cham: Springer, 2020) 166.

31 Michael Guihot, Anne F. Matthew, and Nicolas P. Suzor, "Nudging Robots: Innovative Solutions to Regulate Artificial Intelligence" (2017) 20(2) *Vanderbilt Journal of Entertainment & Technology Law* 385-456, 385.

32 Dirk Helbing et al., "Will Democracy Survive Big Data and Artificial Intelligence?" in Dirk Helbing (ed.), *Towards Digital Enlightenment: Essays on the Dark and Light Sides of the Digital Revolution* (Cham: Springer, 2019) 73-98, 76.

인 특징은 은폐의 원칙(principle of concealment)에 있다. 이것은 조작의 대상이 된 사람이 자신이 조작당하고 있다는 사실을 인식하지 못하고, 오히려 자신이 외부의 영향 없이 자유롭게 결정하고 있다고 믿는 것을 의미한다.[33] 은폐란 정치적인 견해의 조작(manipulation of political views) 맥락에서도 보이지 않는 형태의 조작이고,[34] 잠재의식적 형태의 조작(subliminal forms of manipulation)은 가장 정교한 형태의 은폐로 간주되어져야 한다.

이는 미디어, 생명공학, 나노기술 등 특정 분야에 국한되지 않고, 기술과 산업 전반에서 지속적으로 일어나는 융합 추세를 배경으로 볼 때 중요한 시사점을 제공한다.[35] 실제 삶과 현실에서 규제가 실질적인 효과를 발휘하려면, 잠재의식적 자극 기법이 다양한 분야에서 초학제적이고 포괄적인 접근방식을 통해 감시되어야 한다. 이제 잠재의식적 메시지(subliminal messages)가 인간의 정신에 영향을 미친다는 점은 과학적으로 근거있는 사실로 받아들여지고 있다. 또한 잠재의식적 자극 기법을 활용하는 인공지능 기술은 가까운 미래에 질적, 양적으로 모두 증가할 것이라는 점도 밝혀졌다. 점화연구(priming research)는 바로 이러한 이유 때문에 마케팅을 넘어서 공중보건, 정치 등을 포함한 더 넓은 과학 분야에서도 중요한 연구로 인식된다.[36]

---

33 Thomas Bohrmann, "Werbung" in Christian Schicha and Carsten Brosda (eds.), *Handbuch Medienethik* (Wiesbaden: Springer, 2010) 293- 303, 294.

34 Nathaniel Klemp, "When Rhetoric Turns Manipulative: Disentangling Persuasion and Manipulation" in Wayne Le Cheminant and John M. Parrish (eds.), *Manipulating Democracy: Democratic Theory, Political Psychology, and Mass Media* (London: Routledge, 2011) 59-86, 64-65.

35 Mihail C. Roco and William Sims Bainbridge (eds.), *Converging Technologies for Improving Human Performance: Nanotechnology, Biotechnology, Information Technology and Cognitive Science* (Dordrecht: Springer, 2003), Peter Ludes, *Convergence and Fragmentation: Media Technology and the Information Society* (Bristol: Intellect, 2008), Sang M. Lee and David L. Olson, *Convergenomics: Strategic Innovation in the Convergence Era* (Farn-ham: Gower, 2010), and Michael Kackman et al. (eds.), *Flow TV: Television in the Age of Media Convergence* (London: Routledge, 2011).

36 Mohamed Elgendi et al., "Subliminal Priming - State of the Art and Future Perspectives"

인공지능의 잠재적이고 혁신적인 영향과 인간 내면의 한계를 넘어서려는 기술적인 진전은 인공지능 규제를 넘어서 앞으로 인간의 행동을 어떻게 어떻게 통제할 것인가에 대하여 법의 역할이 무엇인가라는 중요한 물음을 던진다. 따라서 앞서 언급한 마지막 쟁점과 관련해서는 잠재의식적 설득 방식(subliminal forms of persuasion)을 겨냥한 과거의 규제 노력들을 살펴보는 것은 매우 흥미로운 작업이 될 것이다.

제2절 잠재의식적 광고를 금지하는 법률

전 세계 많은 법역에서는 이미 약 30년 전에 다양한 잠재의식적 상업 광고를 금지하는 법률과 규제를 채택했다. 이러한 점은 정신 조작이 전반적으로 효과적이라는 것을 강하게 시사하기도 한다. 유럽은 유럽 이사회(Council of Europe)가 1989년 5월 채택한 「유럽 국경 간 텔레비전 협약」(European Convention on Transfrontier Television, ECTT)을 마련했으며, 이 협약에는 "광고 및 텔레쇼핑은 잠재의식적 기법들을 사용해서는 안 된다"는 조항을 포함하고 있었다.[37] 이 금지 조항을 협약에 포함시키게 된 초기 결정의 배경이나 동기에 대해서는 현재 정보가 거의 없다. 그 당시 효과에 대한 논란이 있었고, 이러한 우려는 『숨겨진 설득자들』(The Hidden Persuaders)이라는 책과 아이스크림, 코카콜라, 팝콘에 대한 잠재의식적 광고(subliminal advertisements) 사례들에서 비롯된 것으로 보인다.[38]

(2018) 8(54) *Behavioural Science* 1-23, 15; https://doi.org/10.3390/bs8060054.

37 Art. 13(2) European Convention on Transfrontier Television, *European Treaty Series - No. 132* (5 May 1989); https://rm.coe.int/168007b0d8.

38 Oliver Schaar, "Article 10 (Principles for Advertising and Teleshopping)" in Oliver Castendyk, E.J. Dommering and Alexander Scheuer (eds.), *European Media Law* (Alphen aan den Rijn: Kluwer Law International, 2008) 489-512, 509.

몇 달 후 유럽연합(EU)의 전신인 유럽경제공동체(European Economic Community, EEC)는 1989년 「국경 없는 텔레비전 지침」(Television Without Frontiers Directive, TWFD)을 통해 유사한 내용을 채택했는데, 여기에도 비슷한 금지 조항이 포함되어 있었다.[39] 그리고 TWFD의 잠재의식적 광고(subliminal advertising)를 금지하는 조항은 「유럽 국경 간 텔레비전 협약」(ECTT)의 문구와 일관성을 높이기 위해 개정되었다.[40] 이 지침 내 조항은 해당 사안을 규율하는 현행 유럽 법률의 기초가 되었는데, 그 결과물인 EU의 「시청각 미디어 서비스 지침」(Audiovisual Media Services Directive, AVMSD)에서는 다음과 같이 규정하고 있다:

> AVMSD 제9조
> 1. 회원국은 자국 관할 내 미디어 서비스 제공자가 제공하는 시청각 상업 커뮤니케이션이 다음의 요건을 준수하도록 보장해야 한다.
> (a) 시청각 상업 커뮤니케이션은 그러한 성격을 명확히 인식할 수 있어야 하며, 은밀한(surreptitious) 형태의 시청각 상업 커뮤니케이션은 금지된다.
> (b) 시청각 상업 커뮤니케이션은 잠재의식적 자극 기법을 사용해서는 안 된다.[41]

잠재의식적 자극 기법을 사용하는 시청각 상업 커뮤니케이션이 광범위하게 금지되어 온 사실은 이러한 기법을 사용하는 AI 시스템에 대한 금지 조치를 제안할 때 유의미한 선례가 될 수 있다. 그 이유로는 첫째, 잠재의식적 광고의 효과에 대한 초기 과학적 논란이 이제는 대체로 해당 광고가 사용자나 소비자에게 영향을 미친다는 주장 쪽으로 정리되었기 때문이다. 둘째는 잠재의식적 자극 기법에 사용되는 기술은 1980년대 후반 이후 급격히

---

39 European Economic Communities, Council Directive 89/552/EEC (Television Without Frontiers Directive), OJ L 298/23-30 (17 October 1989) [TWFD].

40 Schaar, *supra* note 38, 494.

41 Directive (EU) 2018/1808 (Audiovisual Media Services Directive), OJ L 303/69-92 (28 November 2018) [*Italics* added] [AVMSD].

발전했을 뿐만 아니라, 특히 신경과학 및 관련 기술(예: 뇌-컴퓨터 인터페이스, Brain-Computer Interfaces(BCI))의 발전 기반을 바탕으로 가까운 미래에 다시 빠르게 발전할 것으로 예상되기 때문이다. 개인의 감각들은 점차 더 통합되는 방향으로 나아가게 될 것이다.

따라서 앞으로 인공지능법(AIA) 내 관련 조항이 효과적으로 작용할 수 있을지에 관한 핵심 질문은, 잠재의식적 자극 기법을 활용하는 AI 시스템의 남용 및 유해한 사용을 얼마나 억제할 수 있느냐에 달려 있다. 이는 AIA 제5조 1항이 가장 효과적인 집행 수단이 되기 위한 고민이 필요함을 뜻한다. 따라서 AIA의 집행력을 향상시키기 위해서는 현재 시행 중인 「시청각 미디어 서비스 지침」(AVMSD)의 관련 조항들과 그 집행 과정에서 얻어진 경험들을 참고하고 이를 바탕으로 삼는 것이 중요하다. 그러나 안타깝게도 유럽에서 잠재의식적 광고가 30년 넘게 금지되어 왔음에도 불구하고, 관련 판례에서 확인할 수 있는 근거는 매우 부족한 실정이다. 게다가 관련 규제 및 감독 기관들은 잠재의식적 광고 금지를 모니터링하는 데 큰 관심을 보이지 않는 것으로 보인다.

실제로 앞서 언급한 법률과 규정의 시행과 준수를 감독하는 다양한 규제 기관들이 존재한다. 이러한 규제 기관들에는 유럽이사회(Council of Europe),[42] 유럽방송연합(European Broadcasting Union, EBU),[43] 유럽규제당국플랫폼(European Platform of Regulatory Authorities, EPRA),[44] 유럽광고기준연합(European Advertising Standards Alliance, EASA),[45] 유럽시청각미디어서비스규제그룹(European Regulators Group for Audiovisual Media Services, ERGA)[46]과 같은 기

42 Council of Europe (CoE); https://www.coe.int/en/web/portal.

43 European Broadcasting Union (EBU); https://www.ebu.ch/home.

44 European Platform of Regulatory Authorities (EPRA); https://www.ep ra.org/.

45 European Advertising Standards Alliance (EASA); https://www.easa-alliance.org.

46 European Regulators Group for Audiovisual Media Services (ERGA); https://erga- online.eu/.

관들이 포함된다: 이러한 국제 또는 초국가적 규제기관의 역할은 영국의 Ofcom(Office of Communications), 프랑스의 CSA(Conseil Supérieur de l'Audiovisuel), 독일의 Landesmedienanstalten Direktorenkonferenz, 이탈리아의 AGCOM(Autorità per le Garanzie nelle Comunicazioni), 오스트리아의 KommAustria(Kommunikationsbehörde Austria)와 같은 국가별 규제기관들에 의해 보완된다.[47]

그러나 웹사이트 상의 다양한 검색과 기관들에 이메일 문의를 넣어 확인한 결과, 잠재의식적 광고와 관련한 구체적인 사례는 기록되지 않았던 것으로 보인다. 이는 해당 분야에 대한 감시나 감독이 부족하기 때문일 가능성이 크지만, 그렇다고 하더라도 이 문제가 광고 분야에서조차 존재하지 않는다고 결론지어서는 안 된다.[48] 나아가 여러 국가 기관들은 관련 이메일에 답변하지 않았다. Ofcom은 회신을 보내왔지만 회신을 통해 영국 광고심의위원회(Advertising Standards Authority, ASA)에 문의할 것을 제안했으며, ASA로부터는 안타깝게도 아무런 응답을 받지 못했다. 오스트리아 규제기관인 KommAustria로부터 받은 응답에서는 과거에 개 사료와 관련한 잠재의식적 광고(subliminal advertisement)로 알려진 사례에 대한 정보가 포함되어 있었다. 이 광고의 경우 제품을 홍보하기 위해 사람에게는 들리지 않지만 개에게는 들리는 음향을 사용한 것으로 의심받았고, 개들이 여기에 실제로 반응한 것으로 보인다. 다만 금지 행위의 대상은 동물이 아니라 사람이어야 하기에 이 사건은 더 이상 조사되지 않았다.[49]

다른 문의들은 방송 내용을 모니터링함으로써 해당 조항을 어떻게 실제로 집행하는지에 초점이 맞춰져 있었다. 하지만 이와 관련해서도 특별히

---

47 See the European Regulators Group for Audiovisual Media Services "List of regulators in the field of audiovisual media services"; https://erga-online.eu/?page_id=43.

48 Schaar, *supra* note 38, 509.

49 Email by the Rundfunk und Telekom Regulierungs-GmbH (RTR) of 22 October 2021 (on file with the author).

보고할 만한 내용은 없었는데, 그 이유는 규제기관들이 방송 내용을 지속적으로 감시하기보다는 가끔 무작위로 점검을 실시하는 수준에서 머무르고 있었기 때문이다. 이후 여러 규제기관들은 새로운 과제로 소셜미디어에 게시된 사진이나 영상, 또는 "웹 인플루언서"(web influencers)와 브이로거(vlogger)가 사용하는 이른바 "유명인 추천"(celebrity endorsements)에 사용되는 기타 콘텐츠와 같이 식별이 어려운 위장 광고 형식에 대하여 심각한 우려를 제기했다. 기존 법률의 적절성에 대한 우려와 함께 특히 자율규제(self-regulation)와 자발적 준수(voluntary commitments) 모델만으로도 이러한 위장광고를 막기 충분한지에 대한 의문을 제기한 것이다.[50] 요약하자면 잠재의식적 광고를 규제하려는 노력과, 다른 한편으로 관련 규정을 집행하려는 노력 사이에는 상당한 불균형이 있는 것으로 보인다. 이는 인공지능법(AIA)에서도 하나의 경고로 받아들여져야 하고, 인공지능법(AIA)이 전면 시행되기 전에 잠재의식적 자극 기법의 사용을 효과적으로 모니터링하고 해당 금지 조항을 집행할 수 있도록 필요한 조치를 해야 함을 뜻한다.

이러한 상황은 AI 시스템에 대한 금지 조치가 향후 실효성이 있을지에 대해서도 심각한 우려를 불러일으킨다. 왜냐하면 해당 조항이 실제로 준수되는 과정에서 과연 그것이 어떤 방식으로, 그리고 누구에 의해 집행될 것인지가 명확하지 않기 때문이다. 잠재의식적 자극 기법(subliminal techniques)을 사용하는 AI 시스템을 탐지하기 위해 개발된 또 다른 AI 시스템을 역설적으로 활용하는 방식과 같이, 이러한 금지 조항의 집행에는 매우 포괄적인 감시체계가 필요할 가능성이 높다. 또한 잠재의식적 자극 기법을 사용하는 AI 시스템의 사용을 감시하고 그 집행을 보장하기 위해서는 수는 적더라도 더욱 효율적인 규제기관이 필요할 것이다. 그렇지 않으면 인공지능법(AIA)의 관련 규정은 향후 사실상 "사문화된 법"이 될 가능성이 높다.

---

50 Mariacristina Reale, "Digital Market, Bloggers, and Trendsetters: The New World of Advertising Law" (2019) 8(3) *Laws* 1-14; https://doi.org/10.3390/laws8030021.

유럽 내 잠재의식적 광고 금지의 실효성에 대한 불확실성과 더불어 해당 규제가 초래할 것으로 예상되는 역외적 효과를 고려하면, 유럽의 규제 범위를 넘어 다른 지역의 규제 상황을 간략하게 살펴보는 것도 유익할 것이다. 러시아,[51] 중국,[52] 그리고 중국의 특별행정구역인 마카오[53] 등 다른 지역에서도 유사한 금지 조항을 찾아볼 수 있다. 인도 역시 관련 규정을 가지고 있지만, 광고에 대한 통일된 법률 체계는 존재하지 않는다. 대신 인도는 인도광고기준위원회(Advertising Standards Council of India, ASCI)가 마련한 자율규제 방식에 의존하고 있고, 이 위원회는 "오해의 소지가 있는 광고로부터 소비자를 보호"하는 것을 목표로 하는 「광고 자율규제 강령」을 채택하고 있다. 다만 해당 강령에서는 잠재의식적 광고에 대한 명시적인 언급이 없다.[54] 대신 주목할 만한 점은 인도광고기준위원회(ASCI)가 최근 「소셜 인플루언서를 위한 가이드라인」을 채택했고, 여기에는 "일반 소비자가 해당 내용을 명확히 인식할 수 있도록 광고 표시 문구를 분명하게 보이도록 해야 한다(예시: 15초 이하의 비디오에서는 공개 라벨이 최소 3초 동안 표시되어야 한다)"고 규정하고 있다.[55] 일반적으로 "마케팅 커뮤니케이션은 진실되어야 하며 소비자를 오도해서는 안 된다"는 데에 전 세계적인 공감대가 형성되어 있는 것으로 볼 수 있는 것이다.[56] 또한 소셜 미디어와 동영상 플랫폼에서 잠

---

51 Article 5(9) Federal Law No. 38-FZ (13 March 2006) on advertising.

52 Advertising Law of the People's Republic of China(2021 Amendment) [CLI Code] CLI. 1.5012735(EN); https://www.pkulaw.com/en_law/8ed14f353bf1e5fdbdfb.html.

53 Article 7(1) Macau Advertising Law [Law No. 7/89/M], Establishing the general regime of advertising activities, Official Bulletin No. 36/1989(4 September 1989); https://bo.io.gov.mo/bo/i/89/36/lei07.asp.

54 Advertising Standards Council of India (ASCI), "The Code for Self- Regulation of Advertising Content in India"; https://ascionline.in/ima ges/pdf/code_book.pdf.

55 The Advertising Standards Council of India (ASCI), "The Guidelines For Influencer Advertising in Digital Media"; https://asci.social/ guidelines.

56 Article 5 of the International Chamber of Commerce (ICC), "ICC Advertising and Marketing Communications Code"(International Chamber of Commerce, 2018); https://iccwbo.org/content/uploads/sites/3/2018/09/icc-advertising-and-marketing-communications-co

재적의식적 영상(subliminal videos)이 급증하고 있는 점을 감안할 때, 잠재의식적 자극 기법을 활용하는 뉴미디어와 AI 시스템에 대한 전 세계적인 금지 필요성도 제기되고 있다.

미국과 관련해서는 상황이 다소 복잡한데, 관련 법률 문헌에서 과거 및 현재의 규제 간에 서로 모순되는 내용들이 나타난다. 미국은 잠재적의식적 광고 문제와 관련하여 오랜 역사를 가지고 있는데, 1957년 제임스 비캐리(James Vicary) 사건과 『숨겨진 설득자들(The Hidden Persuaders)』이라는 책은 모두 미국 시장에서 시작되었다.[57] 다만 잠재의식적 광고에 대해서는 사회적으로 큰 반향이 있었던 반면, 신경마케팅(neuromarketing)에 대한 법적 대응은 매우 제한적이었다는 평가가 있다.[58] 2021년 당시 보도에 따르면 미국 의회 의원들이 1958년 텔레비전에서 잠재의식적 광고의 사용을 불법으로 규정하기 위한 법안을 발의했지만, 공청회는 한 차례도 열리지 않았다. 결국 잠재의식적 메시지(subliminal messages)에 관한 법률은 제정되지 않았다.[59]

그럼에도 불구하고 이 사안과 관련된 일반적인 규정들은 존재한다. 1914년에 제정된 연방법은 미국 연방거래위원회(Federal Trade Commission, FTC)를 설립하였으며, 이 기관은 시장 내에서 불공정하거나 기만적이거나 사기적인 행위를 차단함으로써 소비자를 보호하는 역할을 맡고 있다. 법률에는 허위 광고의 유포를 방지하기 위한 조항을 포함하고 있는데, 이를 통해 "상거래 내 또는 상거래에 영향을 미치는 불공정하거나 기만적인 행위"로 간

---

de-int.pdf.

57 Nicholas Hirshon, "A "Great Power" Defended and Denounced" An Examination of Twentieth-Century Advertising and Advertising Criticism in the United States" (2020) 46(3) *Journalism History* 265-283.

58 Mark Bartholomew, *Adcreep: The Case Against Modern Marketing* (Stanford, CA: Stanford Law Books, 2017) 117.

59 Laura R Salpeter and Jennifer I Swirsky, "Historical and Legal Impli- cations of Subliminal Messaging in the Multimedia: Unconscious Subjects" (2012) 36(3) *Nova Law Review* 497-520, 502-504.

주한다.[60] 여기에서 "허위 광고"(false advertisement)의 정의는 다음과 같다:

> (1) "허위 광고"(false advertisement)란 라벨 표시 외의 광고로서 실질적인 측면에서 오해의 소지가 있는 광고를 의미한다. 그리고 어떤 광고가 오해의 소지가 있는지를 판단할 때에는 (기타 요소들과 함께) 문구, 단어, 디자인, 장치, 음향 또는 이러한 요소들의 조합을 통해 표현되거나 암시된 내용뿐만 아니라, 그 광고가 해당 표현들과 관련하여 중요한 사실을 얼마나 드러내지 못했는지, 또는 광고에 제시된 조건이나 일반적으로 통용되거나 관례적인 조건 하에서 그 광고와 관련된 상품의 사용으로 인해 발생할 수 있는 결과에 관한 중요한 사실을 얼마나 누락했는지도 고려해야 한다.[61]

허위 광고(false advertisement)의 정의에는 "오해의 소지가 있는"(misleading)이라는 용어가 사용되고 있다. 해당 기준은 단지 예시적일 뿐 포괄적인 것이 아니라는 점을 감안할 때, 광고에 포함된 잠재의식적 메시지(subliminal messages)는 이 금지 조항의 적용 범주에 포함될 수 있다고 볼 수 있다.

미국의 광고 관련 문제를 더욱 복잡하게 만드는 부분은 통일된 광고법이 존재하지 않는다는 점에 있다. 대신 담배, 주류, 총기, 화장품, 식품 등 특정 분야의 광고에 대해서는 여러 특별법들이 제정되어 왔다. 이미 초창기부터 "TV 광고에서 설득력 있는 영향력을 발휘하는 부분 중 상당 부분은 소비자가 의식적으로 인식하지 못하는데, 사실상 이 부분들이 소비자의 의사결정에 영향을 미치는 일종의 잠재의식적 영향(subliminal influence) 요인들로 연방거래위원회(FTC)가 보다 면밀한 관심을 보이고 규제를 할 필요가 있다"는 지적이 있어 왔다.[62] 그리고 이러한 잠재의식적 광고의 효과를 둘러싼

---

60 §52 of Section 15 of the Federal Trade Commission Act of the United States; http://uscode.house.gov/view.xhtml?req=granuleid%3AUSC-prelim-title15-chapter2-subchapter1&edition=prelim.

61 §55 (a) (1) of Section 15 of the Federal Trade Commission Act of the United States, *ibid*.

62 Omer Lee Reed Jr, "The Psychological Impact of TV Advertising and the Need for FTC Regulation" (1975) 13(2) *American Business Law Journal* 171-184, 174.

논란과 관련하여, "이러한 기법의 사용은 처음에는 제품 판매에 효과가 없어 보일 수 있지만, 실제로는 시청자에게 영향을 미치고 구매를 성공적으로 유도한다"라는 주장도 나왔다. 결과적으로 "법은 담배 광고에서 잠재의식적 메시지가 갖는 강제적 영향력을 인식하고, 앞서 제안한 담배 산업에서 잠재의식적 광고의 사용을 금지하는 조치를 입법화할 시점이다"라는 결론에 이르렀다.[63]

최근 미국에서는 잠재의식적 메시지나 신경마케팅의 형태를 명시적으로 금지하는 연방법이 존재하지 않는다는 주장이 다시 제기되고 있다.[64] 연방거래위원회(FTC) 웹사이트 내 질문과 답변(Q&A) 섹션에서는 잠재의식적 광고에 대한 언급이 단 한 차례 있었는데, 그 내용은 다음과 같다.

> 잠재의식적 광고 기법을 사용하는 것은 합법인가?
>
> 소비자 행동에 영향을 줄 수 있는 이른바 잠재의식적 메시지를 광고에 삽입하는 것은 마케터에게 기만적인 행위가 될 수 있다. 그러나 대부분의 소비자 행동 전문가들은 이러한 기법이 효과적이지 않다는 결론을 내려왔다.[65]

즉 잠재의식적 광고(subliminal advertisements)가 효과적이지 않다고 여겨짐에도 불구하고 이를 금지함을 시사한다. 앞서 설명한 과학적 연구 및 실험 결과와는 극명한 대조를 이루는 견해다. 또한 FTC에서 제공한 "광고에 대한 주장들은 법에 따라 진실해야 하며, 기만적이거나 불공정해서는 안 되고, 증거에 기반해야 한다"는 정보와도 모순된다.[66] 이보다 더 최근의 과

---

63 Elena Paraskevas-Thadani, "Banning the Thought: Saving the Lungs of Children by Banning Subliminal Messages in Tobacco Advertisements" (1997-1998) 2 *Syracuse Journal of Legislation and Policy* 133-164, 140.

64 Bartholomew, *Adcreep, supra* note 58, 117.

65 Federal Trade Commission (FTC), "Advertising FAQ's: A Guide for Small Business"; https://www.ftc.gov/tips-advice/business-center/guidance/advertising-faqs-guide-small-business.

66 Federal Trade Commission (FTC), "Advertising and Marketing"; http s://www.ftc.gov/

학적인 증거들도 다양한 잠재의식적 형태(subliminal forms)가 이미 효과적이며, 앞으로 더욱 효과적으로 작용할 것임을 시사하고 있다.

미래의 잠재의식적 자극 기법을 규제하기 위해서는 과거 미국에서 이루어진 학술적인 논쟁이 풍부하고 유용한 기반을 제공하는바, 이를 살펴볼 필요가 있다. 미국에서는 이미 1981년 당시 논문으로 "잠재의식적 커뮤니케이션 기술"이라고 불리던 것에 대한 종합적인 분석 결과를 발표한 적이 있는데, 흥미롭게도 그 서론을 읽어보면 오늘날의 논쟁과의 유사점을 발견할 수 있다.

> 다양한 형태의 행동 통제가 야기하는 도덕적, 법적, 윤리적 딜레마에 대한 논쟁은 최근에 시작된 것이 아니다. 그러나 이 분야의 최신 기술 혁신은 기존의 문제 평가 및 해결을 위한 전통적인 틀로는 쉽게 해결할 수 없는 새로운 문제들을 야기하며 뜨거운 논쟁을 불러일으키고 있다.[67]

이 문제는 당시 잠재의식적 자극 기법(subliminal techniques)이 다양한 방식으로 활용되며 전체 법체계와의 일관성 뿐만 아니라 개별 법률과 규정 간의 특정한 관계에 관한 우려를 불러일으켰음을 시사한다.

미국은 잠재의식적 광고를 명시적으로 금지하지 않음에도 불구하고, 법체계상 잠재의식적 설득(subliminal persuasion)과 관련하여 많은 중요한 요소를 제공해 왔다. 그리고 이러한 요소들은 새로운 기술 및 잠재의식적 설득 기법을 활용하는 AI 시스템의 차원에서 잠재의식적 지각(subliminal perception)을 이해하는 데 유용하다. 예를 들어 이 주제는 상표법 분야에서 "잠재의식적 혼동"(subliminal confusion) 또는 "잠재의식적 상표 연상"(subliminal trademark association)이라는 용어로 다루어졌다. 여러 법원에서는 이러한

---

tips- advice/business-center/advertising-and-marketing.

67 Olivia Goodkin and Maureen Ann Phillips, "The Subconscious Taken Captive: A Social, Ethical, and Legal Analysis of Subliminal Communication Technology" (1981) 54(5) *Southern California Law Review* 1077-1140, 1077.

혼동 유형에 대해 상표법에 따른 법적 조치를 취할 수 있다고 인정했는데, 이것이 "포착하기 어려운 인지적 소비자 피해"를 구제하는 방법이라고 여겼다.[68] 잠재의식적 광고와 달리 잠재의식적 상표 혼동은 상품의 소비자를 직집적으로 오도하지 않지만, 여전히 "무의식적 또는 잠재의식적 상표 연상을 통해 구매자의 제품 인식에 영향을 미친다"고 볼 것이다.[69]

시각적 및 청각적 수단을 통해 전달된 잠재의식적 메시지(subliminal messages)와 관련된 여러 사례에서는 다른 중요한 측면들을 보여준다. Vicary의 시각적 팝콘 실험 외에도 매장에서 재고 도난을 방지하기 위해 사용된 일종의 "전자적 양심"에 대한 보고서가 있는데, 이것은 매장 전체에서 재생되는 배경 음악에 잠재의식적 메시지를 암호화하여 넣는 방식이었다.[70]

심지어 1982년에 발표된 논문에서는 잠재의식적 설득(subliminal persuasions)이 널리 퍼져 있으면서, "잠재의식적 설득의 기제는 미디어 기술의 발전을 따라간다"는 사실이 밝혀졌다.[71] 사람들은 이러한 기술 발전으로 인해 일상생활에서 텔레비전, 영화, 잡지, 심지어 백화점과 같은 다양한 매체를 통해 잠재의식적 메시지(subliminal messages)에 노출되고 있으며, 이는 "대중에게 의식적으로 지각할 수 없는 수준의 메시지를 노출하는" 현상에 주목할 필요가 있음을 뜻한다.[72] 또한 잠재의식적 설득에 대한 보다 광범위한 논의들은 그것이 수정헌법 제1조에서 보장하는 표현의 자유와 잠재적으

---

68 Chi-Ru Jou, "The Peril of a Mental Association Standard of Liability: The Case against the Subliminal Confusion Cause of Action" (2006) 11 (1) *Virginia Journal of Law & Technology* 1- 43, 4-9.

69 Steven H Hartman, "Subliminal Confusion: The Misappropriation of Advertising Value" (1988) 78(4) *The Trademark Reporter* 506-522, 507-508.

70 Goodkin and Phillips, *supra* note 67.

71 Harry Schiller, "First Amendment Dialogue and Subliminal Messages" (1982) 11(2) *New York University Review of Law and Social Change* 331- 362, 331 and 336

72 Scot Silvergate, "Subliminal Perception and the First Amendment: Yelling Fire in a Crowded Mind" (1990) 44(5) *University of Miami Law Review* 1243-1282, 1243.

로 충돌할 가능성이 있다는 의문을 불러일으킨다.[73] 특히 잠재의식적 메시지는 일반적으로 무의식적인 수준에 머물러 있고 일반적인 대화에서 드러나지 않기 때문에, 결국 잠재의식적 메시지가 언어나 표현의 개념에 포함되는지 여부에 대한 문제로 이어진다.[74]

나아가 잠재의식적 메시지가 숨겨진 상태로 남아 있는 현상은 음악 속에 거꾸로 된 음성을 넣는 백워드 마스킹(backward masking) 형태에서도 발견된다.[75] 일반적으로 지각의 관점에서 마스킹(masking)이란 "한 자극(타겟)이 다른 자극(마스커)에 의해 부분적으로 또는 완전히 가려지는 현상"을 의미한다.[76] 무엇보다도 이러한 자극은 모든 감각에 적용될 수 있고, 여기에는 시각적 이미지, 소리, 맛, 냄새, 심지어 촉각적 자극까지도 포함될 수 있다는 점이 중요하다. 또한 자극을 가리는 마스커는 타겟이 자극하기 전에 제시(forward masking)될 수도 있고 이후에 제시(backward masking)될 수도 있으며, 동시에 제시(simultaneous masking)될 수도 있다.[77]

이러한 기법은 미국에서 발생한 여러 자살 사건과 관련이 있다. 해당 사건에서는 락과 헤비 메탈 음악에 숨겨진 마스킹된 가사 또는 잠재의식적 가사 형태의 잠재의식적 메시지(subliminal messages)가 원인이라는 주장이 제기되었다. 가장 많이 언급된 소송은 록 밴드 주다스 프리스트(Judas Priest)와 헤비 메탈 뮤지션인 오지 오스본(Ozzy Osbourne)을 상대로 제기된 사건인데, 이들은 4명의 청소년을 자살로 내몰고 또 한 명은 자살을 시도케 했다는 혐의를 받았다.[78] 흥미로운 점은 법원이 잠재의식적 커뮤니케이션 기술

---

73 Schiller, *supra* note 71, 346.

74 Ibid., 348.

75 Christopher C. French, *Paranormal Perception: A Critical Review* (London: The Institute for Cultural Research, 2006) 4.

76 David Matsumoto (ed.), *The Cambridge Dictionary of Psychology* (Cambridge: Cambridge University Press, 2009) 624.

77 *Ibid.*

78 Juliet Dee, "Subliminal Lyrics in Heavy Metal Music: More Litigation, Anyone" (1994) 16(3)

(subliminal communication technology)의 역사뿐만 아니라, CIA가 잠재의식적 메시지(subliminal messages)를 활용하여 정치 선거 결과에 영향을 미치려 했다는 의혹에도 주목했다는 점이다.[79] 물론 "사기" 또는 "음모론"이라는 오해를 불러일으키는 명칭에 가려져 있다 보니, 오늘날에도 CIA가 잠재의식적 메시지(subliminal messages)와 정신 통제를 포함해 진행한 실험 활동에 대한 신뢰할 만한 정보를 찾기는 어렵다. 비록 MK울트라가 실제로 존재했던 것으로 밝혀졌지만, MK울트라와 연관된 것들에 관한 구체적인 정보는 여전히 제한적이다.[80]

특히 Judas Priest 사건은 문헌에서 널리 보도되고 많은 논평의 대상이 되었다.[81] 해당 음악에서는 일부 잠재의식적 메시지(subliminal messages)가 발견되었음에도 불구하고, 소송에서 Judas Priest에게 청소년들의 사망에 대한 책임을 묻지 않았다. 이는 원고 측의 "고의"(intent) 요건에 대한 입증이 부족했기 때문이다.[82] 30년 전의 이러한 판례들은 인공지능이 생성한 음악적 맥락에서 다시금 주목을 받을 수 있다. 음악은 단순히 가장 존경받는 예술 형식 중 하나로 여겨질 뿐만 아니라, "잠재의식적 수준에서 아이디어뿐

Communications and the Law 3-24, 3.

79 *Ibid.*

80 1 Select *Committee on Intelligence, Project MKUltra, the CIA's Program of Research in Behavioural Modification* (Washington: U.S. Government Printing Office, 1977); see also Jaron Harambam, *Contemporary Con－spiracy Culture: Truth and Knowledge in an Era of Epistemic Instability* (Abingdon, Oxon: Routledge, 2020) 17-18.

81 Howard L Wolk, "You Won't Know It When You See It: An Essay on Subliminal Communication and First Amendment Theory" (1990) 23(4) *Columbia Journal of Law and Social Problems* 523-550, Richard Fitzer, "Do Ozzy Osbourne and Judas Priest Contribute to the Market Place of Ideas?" (1991) 1(1) *DePaul Journal of Art, Technology & Intellectual Property Law* 2-11, Pamela Marsden Capps, "Rock on Trial: Subliminal Message Liability" (1991) 1 *Columbia Business Law Review* 27-50, Dee, *supra* note 78, and Nicole Grattan Pearson, "Subliminal Speech: Is It Worthy of First Amendment Protection" (1995) 4(3) *Southern California Interdisciplinary Law Journal* 775-806.

82 Matthew W. Daus, "Subliminal Messages in Music: Free Speech or Invasion of Privacy" (1992) 9(2) *University of Miami Entertainment And Sports Law Review* 241-296, 245.

만 아니라 감정까지 전달한다"는 평가를 받아왔기 때문이다.[83] 또한 상점에서 배경음악을 재생하면 판매 증가로 이어진다는 점이다.[84] 즉 알고리즘 기반의 인공지능이 이미 음악 작곡을 자동으로 수행할 수 있다면, 이미 다양한 의식 수준에서 작용하고 있는 예술 형식에 잠재의식적 메시지(subliminal messages)를 삽입하는 방식 역시 한층 강화될 수 있을 것이다. 이미 음악이 청취자에게 영향을 미치고 "반사회적 행동과 상관관계가 있다"는 연구들이 존재한다.[85] 이러한 연구들은 잠재의식적 자극(subliminal stimuli)에 반복적으로 노출될 경우 그 효과가 더 커진다는 기존의 연구 결과를 뒷받침한다.[86] 이와 관련하여 현재의 잠재의식적 자극 기법(subliminal techniques)의 금지 논의에서 특히 주목할 만한 점은 잠재의식적 자극(subliminal stimuli)에 자주 노출될수록 그 침투력이 강해지며, 사람들이 반복적인 노출 사실을 인식하고 있을 때보다 잠재의식 상태에서 노출되었을 때 그 효과가 더욱 뚜렷하게 나타난다는 것이다.[87] 이것은 단순히 투명성을 위해 잠재의식적 자극 기법을 드러내도록 요구하는 것을 넘어서, 이러한 기법 자체를 금지해야 한다는 강력한 근거가 된다.

하지만 이러한 사례들은 잠재의식적 설득(subliminal persuasion)이라는 문

---

83 Saurabh Malgaonkar et al., "An AI Based Intelligent Music Composing Algorithm: Concord" (2013) *International Conference on Advances in Technology and Engineering (ICATE)* 1-6; https://doi.org/10.1109/ ICAdTE.2013.6524723.

84 Charles S. Areni and David Kim, "The Influence of Background Music on Shopping Behavior: Classical Versus Top-Forty Music in a Wine Store" (1993) 20 *NA - Advances in Consumer Research* 336-340.

85 Lindsay M. Timmerman et al., "A Review and Meta-Analysis Examining the Relationship of Music Content with Sex, Race, Priming, and Attitudes" (2008) 56(3) *Communication Quarterly* 303-324, 320.

86 Robert F. Bornstein, Dean R. Leone, and Donna J. Galley, "The Generalizability of Subliminal Mere Exposure Effects: Influence of Stimuli Perceived Without Awareness on Social Behavior" (1987) 53(6) *Journal of Personality and Social Psychology* 1070-1079, 1076.

87 R.B. Zajonc, "Mere exposure", *supra* note 22, 225.

제가 과학적 · 법적 관점 모두에서 매우 복잡하다는 점을 보여준다. 과학적 관점에서 볼 때 잠재의식적 설득은 뇌와 인지, 언어에 대한 이해가 제한적이며, 물리적 요소에만 치중하는 경향이 있다. 이러한 접근은 과학 내 통합의 부재로 인해, 이 주제에 관해 다양한 학문 분야 간에 보편적인 과학적 합의가 부족한 실정이다.[88] 법적 관점에서도 유사한 문제가 존재한다. 법은 잠재의식적 설득의 다양한 형태나 기법들이 포함하고 있는 무형의 감정적 요소나 기타 비물질적인 문제들의 존재를 무시하거나 받아들이기를 주저하므로, 법의 일반적인 경향과 충돌한다. 이러한 문제는 현재 법 체계가 분산되어 있고 "시각 중심주의"(ocularcentrism) —다시 말해 시각을 다른 감각보다 인식의 우위에 두는 태도— 에 의해서 더욱 심화되고 있다.[89] 앞으로의 법은 과학과의 협력을 강화하고, 표현의 자유와 사상의 자유는 물론이고 인공지능, 개인정보 보호, 제품 책임, 광고, 상표, 불법행위 등 다양한 법 영역 간의 관계를 보다 긴밀하고 조화롭게 조율해 나가야 한다. 또한 과도한 규제와 입법적 열의를 보이는 경향이 빈번하다는 점을 감안할 때 역설적이게도 규제를 줄이는 것이 오히려 더 나은 결과를 가져올 수 있으며, 이는 기대되는 성과뿐만 아니라 규제의 명확성과 예측 가능성 측면에서도 마찬가지이다.

---

88 J.J.C. Smart, "Sensations and Brain Processes" (1959) 68(2) *The Philosophical Review* 141-156, 142.

89 Katrina G. Geddes, "Ocularcentrism and Deepfakes: Should Seeing Be Believing?" (2021) 31(4) *Fordham Intellectual Property, Media and Entertainment Law* 1042-1083, 1042.

제3절 잠재의식적 지각과 감각 : 개별성과 통합 사이에서

잠재의식적 설득(subliminal persuasion)의 문제를 더욱 복잡하게 만드는 요인은 이러한 잠재의식적 메시지(subliminal messages)를 전달하는 주체뿐만 아니라 이를 인간의 감각 기관을 통해 받아들이는 수용자 역시 깊이 관련되어 있다는 점이다. 다시 말해 인공지능은 잠재적인 방식으로 콘텐츠와 정보를 전달하는 수단을 획기적으로 변화시킬 것이지만, 단지 하나의 감각 채널만을 겨냥하지는 않을 것이다. 현재 개발 중인 다양한 장치와 애플리케이션은 하나 또는 두 개 이상의 감각은 물론, 모든 감각을 동시에 자극할 수 있을 것으로 예상된다. 이에 따라 우리는 수용자의 관점에서 이 문제를 더욱 면밀히 살펴볼 필요가 있으며, 인공지능이 개별 감각은 물론, 감각 전체에 미치는 영향까지 함께 고려해야 한다.

지금까지 제시된 잠재의식적 메시지(subliminal messages)의 대부분은 시각적이거나 청각적인 특성을 지닌 경우가 많았다. 후각, 미각, 촉각처럼 잠재의식적 자극(subliminal sensations)에 똑같이 민감한 다른 감각들은 드물게 언급되었다. 이 점은 매우 중요한데, 왜냐하면 마음이 잠재의식적 자극 기법(subliminal techniques)에 노출되기 이전에 그 메시지는 감각을 통해 먼저 포착되기 때문이다. 따라서 어떤 메시지가 "잠재의식적"(subliminal), 즉 의식 수준 아래에 있는 것인지 판단하기 위해서는 각 감각별로 다른 기준에 따른 평가가 필요하다. 이와 관련된 한 가지 문제는 역사적으로 감각의 수가 시각, 청각, 촉각, 미각, 후각의 다섯 가지로 고정되어 왔다는 점이다.[90] 그리고 또 다른 문제는 이 다섯 가지 감각이 전통적으로 서로 분리된 채로 개별적으로 연구되어 왔다는 것이다.[91] 그 결과 우리는 각 감각의 정보 전

---

90 Fiona Macpherson, "Taxonomising the Senses" (2011) 153(1) *Philosophical Studies: An International Journal for Philosophy in the Analytic Tradition* 123-142.

91 Jon Driver, Martin Eimer, and Emiliano Macaluso, "Cross-Modal Consequences of Human

달 속도에 대해 비교적 정확히 알고 있는 듯하다. 예를 들어 시각은 초당 약 1,000만 비트, 미각은 겨우 1,000비트에 불과하다고 알려져 있다.[92] 이러한 수치는 왜 시각이 가장 우선시되는 감각으로 여겨지는지, 그리고 왜 법이 지나치게 "시각 중심적"(ocularcentric)이라는 비판을 받아왔는지를 설명해 주기도 한다.[93] 감각을 오직 다섯 가지로 한정하는 것과 각 감각을 개별적으로 연구하는 방식은 모두 문제가 있는 것으로 보이며, 이에 대해 다음과 같이 비판이 제기된 바 있다.

> 우리는 흔히 감각들을 서로 독립적이고 분리된 것으로 인식하지만, 이러한 단순한 관점에는 적어도 네 가지의 문제가 존재한다. 첫째, 우리가 세상을 경험하는 방식은 본질적으로 풍부한 다감각적 경험이다. 일상적인 상황에서 우리의 감각은 지속적으로 엄청난 양의 정보에 노출되어 있다. […] 둘째, 우리의 감각은 어떤 방식으로든 하나의 통합된 경험으로 결합되는 듯하다. 우리가 목격하는 대부분의 사건에서 시각과 청각은 서로 독립된 정보 흐름으로 인식되지 않고, 실제로는 떼려야 뗄 수 없을 정도로 밀접하게 연결되어 있는 것처럼 보인다. 셋째, 감각은 단순히 한 곳에 수렴하는 것이 아니라, 서로 상호작용하며 영향을 주고받는다. […] 넷째, 감각들이 서로 독립적이라는 생각에 의문을 제기하는 이유는 일부 사람들에게는 하나의 감각이 자극될 때 두 개 이상의 감각에서 지각 경험이 동시에 발생하기도 하기 때문이다…[94]

Spatial Attention" in Laurent Itti, Geraint Rees, and John K. Tsotsos (eds.), *Neurobiology of Attention* (Amsterdam: Elsevier, 2005) 187-196, 187, Iiro P. Jääskeläinen, *Introduction to Cognitive Neuroscience* (London: Bookboon.com, 2012) 86, and Lars Kjelldahl, Multimedia: Systems, Interaction and Applications (Berlin: Springer-Verlag Berlin, 1992) 41.

92 Raghunath Tiruvaipati, *Information Theory of the Cosmos: How the New Science of Information Changes Our Understanding and Perception of the Universe* (New Delhi: Educreation, 2018) 37.

93 Lionel Bently, "Introduction" in Lionel Bently and Leo Flynn (eds.), *Law and the Senses: Sensational Jurisprudence* (London: Pluto Press, 1996) 3.

94 Noam Sagiv, Roger T. Dean, and Freya Bailes, "Algorithmic Synesthe- sia" in Roger T. Dean (ed.), *The Oxford Handbook of Computer Music* (Oxford: Oxford University Press, 2009) 294-311, 294.

다시 말해 감각들은 각각 독립적인 특성을 가지지만, 서로 영향을 주고받으며 단순히 개별 감각들의 합을 넘는 통합적이고 다감각적인 경험을 만들어낼 수 있다. 이와 같은 현실의 다감각적 경험은 공감각 현상에서도 드러나며, 이는 각 감각들이 서로 어떻게 상호작용하고 영향을 미치는지를 깊이 있게 살펴보는 것이 왜 중요한지를 보여준다.

먼저 시각을 예로 들면, 시청각 매체가 널리 퍼져 있는 만큼 보는 것과 듣는 것의 상호작용은 특히 더 빈번하게 일어나는 것으로 보인다. 그들의 상호작용을 보여주는 한 가지 예는 언어 지각에서 살펴볼 수 있는데, 말소리를 듣는 것은 겉보기에는 순전히 청각적 과정처럼 보이지만 실제로는 그렇지 않다. "입술을 듣고 목소리를 본다"(Hearing Lips and Seeing Voices)라는 제목의 연구에서는 언어 지각에도 입술 움직임과 같은 시각적 요소가 포함된다는 사실이 밝혀졌으며, 이는 "맥거크 효과"(McGurk Effect)로 알려졌다.[95] 당연히 얼굴 표정이나 손짓, 그리고 전반적인 몸짓 언어도 우리가 듣는 말을 이해하는 데 있어 중요한 시각적 단서를 제공한다. 몸짓 언어는 심지어 "보이는 생각"(visible thoughts)이라고도 불린다.[96] 이 내용은 얼굴 인식 기술이 음성 인식에 미칠 수 있는 잠재적인 영향에 대해 중요하게 상기시켜 주는 부분이기도 하다. 소리가 없는 영상이나 영화 속에서 말한 내용을 화자의 입술 움직임을 분석하여 텍스트로 변환할 수 있는 기술도 이미 존재한다.[97] 예를 들어 아돌프 히틀러(Adolf Hitler)가 사적으로 촬영한 무성 영화에서 그의 입술 움직임만으로 발언한 내용을 성공적으로 해독해 낸 사례는 이러한 기술의 잠재력을 보여준다.[98] 놀라운 점은 이 기술이 중국어(표준어)처

---

95 Harry McGurk and John MacDonald, "Hearing Lips and Seeing Voices" (1976) 264 *Nature* 746-748, 746.

96 Geoffrey Beattie, *Visible Thought: The New Psychology of Body Language* (London: Routledge, 2004) 1.

97 Yannis M. Assael et al., "LIPNET: End-to-End Sentence Level Lip-reading" (2016) *arXiv: 1611.01599* 1-13, 1; https://arxiv.org/abs/1611. 01599.

98 Neil Midgley, "New technology catches Hitler off guard" *The Telegraph* (22 November

럼 성조를 기반으로 한 언어에도 적용 가능하다는 사실이다. 성조 언어는 입술 움직임만으로 말의 의미를 정확히 파악하는 데 어려움이 있기 때문에 이러한 결과는 특히 주목할 만하다.[99] 한편, 영상 감시와 같은 기술들과 결합된 새로운 생체 인식 기술의 등장은 오랫동안 사생활 침해에 대한 우려를 불러왔으며, 이에 따라 공공장소에서도 프라이버시 권리를 보장해야 한다는 주장이 이어지고 있다.[100] 요컨대, 이러한 사실은 우리가 말소리를 인식할 때 귀뿐만 아니라 눈에도 의존한다는 점에서, 의사소통은 언어적이면서도 동시에 비언어적이라는 다소 역설적인 특성을 지닌다는 것을 보여준다. 나아가 시각과 청각의 또 다른 형태의 상호작용은 빛이 소리보다 더 빠르게 전달된다는 물리적 차이에서 비롯된다. 이와 관련해 흥미로운 관찰 결과가 있는데, "동일한 시점에 관찰자에게 도달한 시각적 신호와 청각적 신호는, 설령 그 발생 원인이 실제로 동시에 일어나지 않았더라도, 지각적으로는 하나의 사건처럼 결합되는 경향이 있다"는 것이다.[101]

하지만 시각이 청각과만 상호작용하는 것이 아니라, "체감 감각계"(somatosensory system)라 불리는 촉각을 비롯한 다른 감각들과도 상호작용한다. 체감 감각계는 이 맥락에서 큰 관심을 끄는데, 그 첫 번째 이유는 그것이 전통적인 다섯 가지 감각 분류의 한계를 보여주기 때문이다. "체감 감각"(somatosensory)이라는 개념은 단순히 피부로 느끼는 촉각만을 의미하는 것이 아니라, 어원적으로도 "신체 전체의 감각"을 포괄하는 더 넓은 개념이

2006); https://www.telegraph.co.uk/news/uknews/1534830/New-technology-catches-Hitler-off-guard.html.

99 Ya Zhao, Rui Xu, and Mingli Song, "A Cascade Sequence-to-Sequence Model for Chinese Mandarin Lip Reading" (2019) *arXiv:1908.04917* 1-6, 1.

100 Christopher S. Milligan, "Facial Recognition Technology, Video Surveillance, and Privacy" (1999) 9(1) *Southern California Interdisciplinary Law Journal* 295-334, 333.https://arxiv.org/abs/1908.04917.

101 Derek H. Arnold, Alan Johnston and Shinya Nishida, "Timing sight and sound" (2005) 45 *Vision Research* 1275-1284, 1284.

다.[102] 이러한 감각은 분명 더 복잡한 작용을 수반하며, 청각, 시각, 후각처럼 수용체가 감각 기관(귀, 눈, 코)에 국한된 다른 감각들과 달리 "촉각 및 이와 관련된 감각의 수용체"는 피부 전체와 몸속에 널리 분포되어 있다.[103] 즉 체감 감각계는 인체에서 가장 넓은 감각 기관을 가지고 있으며, 이는 "기계적, 온도적, 화학적 자극을 포함한 매우 다양한 감각 자극에 반응한다".[104] 이러한 자극들은 매우 다양한 정보를 전달하는데, 여기에는 "신체 부위의 움직임을 감지하는 고유수용감각, 온도를 느끼는 온도감각, 피부를 통한 촉각"뿐만 아니라, 통증에 대한 통각, 가려움에 대한 소양감각, 내장 기관의 상태를 인지하는 내장감각 등이 포함된다.[105] 이처럼 체감 감각계는 다양한 역할을 수행하기 때문에, "외부 자극뿐만 아니라 내부 신체 상태에 대한 정보까지 중추신경계(central nervous system, CNS)에 전달해야 한다는 점에서 다른 감각 체계와는 구별되는 독특한 특성을 가진다"는 연구 결과도 있다.[106]

체감 감각계는 다른 감각들과의 상호작용을 통해 그 복잡성이 더해진다. 예를 들어 시각의 경우, 뇌는 순전히 시각적인 자극을 촉각이나 고유수용감각 정보를 암시하는 자극과 연결하여 인식하는 것으로 나타났다.[107] 이 현상을 재현하기 위한 또 다른 실험이 바로 "고무손 착각"(Rubber Hand Illusion)이다. 이 실험에서는 피험자가 실제 자신의 손은 보이지 않게 가리고 가짜 고무손을 보여주며 양쪽을 같은 방식

---

102 Ernest Klein, *A Comprehensive Etymological Dictionary of the English Language* (Amsterdam: Elsevier, 1966) 1472.

103 Carl Sherman, "The Senses: The Somatosensory System" *Dana Foundation* (12 August 2019); https://dana.org/article/the-senses-the-soma tosensory-system/.

104 Luo, Liqun, *Principles of Neurobiology*, 2nd ed. (Boca Raton, FL: CRC Press, 2021) 260.Ernest Klein, A Comprehensive Etymological Dictionary of the English Language (Amsterdam: Elsevier, 1966) 1472.

105 *Ibid.*

106 Randall J. Nelson, "Preface" in Randall J. Nelson (ed.), *The Somatosensory System: Deciphering the Brain's Own Body Image* (Boca Raton, FL: CRC Press, 2001).

107 Kaspar Meyer et al., "Seeing Touch Is Correlated with Content-Specific Activity in Primary Somatosensory Cortex" (2011) 21 *Cerebral Cortex* 2113-2121, 2121.

으로 쓰다듬으면, 피험자는 고무손을 마치 자기 신체의 일부처럼 느끼는 착각을 경험하게 된다.[108] 두 감각의 결합은 가짜 손이 마치 자신의 손인 것처럼 느껴지게 하는 인상을 만들어내며, 이러한 현상은 오늘날 우리가 사용하는 손에 쥐는 전자기기에도 확장될 수 있다. 시각과 촉각 사이의 보완적인 관계는 다음 문장에서 매우 인상 깊게 설명한다:

체감 감각계(somatosensory system)는 우리 몸의 내부 상태를 인식하게 해주는 반면, 시각계(visual system)는 우리 몸이 존재하고 움직이는 외부 세계에 대한 정보를 전달해 준다.[109]

이러한 점은 기술의 미래에 있어서도 중요한 의미를 갖는다. 촉각은 이미 로봇 및 가상 수술, 졸음운전 방지를 위한 촉각의 경고 신호, 손에 쥐었을 때 좋은 촉감을 주는 제품 디자인 등 다양한 분야에서 새로운 기술을 통해 점점 더 중요한 역할을 하고 있다.[110] 실제로 촉각과 다감각적 지각이 핵심적인 역할을 하는 애플리케이션, 제품, 경험은 이미 여러 분야에 걸쳐 활용되고 있으며, 이러한 사례와 사용처는 앞으로 더욱 확대될 것으로 보인다.

냄새와 맛 사이에서도 혼동 또는 상호 보완적인 작용과 같은 유사한 상호작용이 보고된 바 있다. 이는 놀라운 일이 아닌데 "풍미"(flavour)는 일상 속에서 가장 다감각적인 경험으로 불리며, 감각 경험 자체가 모든 감각 단서들이 통합되어 형성되는 복합적인 다감각적 상호작용에 기반하고 있기 때문이다.[111] 예를 들어 블랙커피의 쓴맛 때문에 커피 맛은 싫어할 수 있지

---

108 M.P.M. Kammers et al., "The rubber hand illusion in action" (2009) 47 *Neuropsychologia* 204-211, 204.

109 William H. Edwards, *Motor Learning and Control: From Theory to Practice* (Belmont, CA: Wadsworth, 2011) 76.

110 Alberto Gallace and Charles Spence, *In Touch with the Future: The Sense of Touch from Cognitive Neuroscience to Virtual Reality* (Oxford: Oxford University Press, 2014) 203, 234, and 250.

111 Charles Spence, "Multisensory Flavor Perception" (2015) 161 *Cell* 24-35, 24.

만, 그 향은 즐겁게 느껴질 수 있다. 비슷한 현상은 두리안 같은 과일이나 세계 각국의 다양한 음식에서도 흔히 경험할 수 있다. 더욱이 이러한 예시는 맥락(context)의 중요성을 잘 보여주는데, 같은 불쾌한 냄새라도 "치즈"에서 나는 냄새라고 생각하면 기분 좋게 받아들여지지만 "썩은 고기"의 냄새라고 인식하면 불쾌하게 느껴질 수 있다.[112] 즉 냄새와 맛은 서로 혼동될 수 있을 뿐만 아니라, 무엇보다도 "입 안에서 맛과 냄새가 상호작용하면서 맛을 강화하거나 억제하는 효과를 만들어낸다는 점"이 이를 잘 보여준다.[113] 이와 유사한 연관성은 맛과 풍미, 그리고 소리나 음악 음계와의 관계에서도 확인된 바 있다.[114] 또한 후각과 시각 사이에서도 "변화맹"(change blindness) 또는 "상당한 자극의 변화조차 눈치 채지 못하는 현상"과 같은 유사한 혼란이 관찰된 바 있다.[115] 이러한 맥락에서 잠재의식적인 냄새 실험(subliminal smells exercise)이 "인간의 행동과 인식에 깊은 영향을 미친다"[116]는 연구 결과는 특히 주목할 만하다.

감각의 혼동이라는 문제는 각 감각이 초의식적인 수준과 잠재의식적인 수준 모두에서 정보를 받아들일 수 있다는 사실로 인해 더욱 복잡해진다. 더욱이 "하나의 감각에서 얻은 정보가 다른 감각을 지각하는 방식에 영향을 미칠 수 있다"는 것이 밝혀졌으며, 이러한 과정을 "다중감각적 지각"

---

112 Paul Rozin, "'Taste-smell confusions' and the duality of the olfactory sense" (1982) 31(4) *Perception & Psychophysics* 397-401, 397.

113 Richard J. Stevenson, John Prescott and Robert A. Boakes, "Confusing Tastes and Smells: How Odours can Influence the Perception of Sweet and Sour Tastes" (1999) 24(6) *Chemical Senses* 627-635, 633.

114 Anne-Sylvie Crisinel and Charles Spence, "As bitter as a trombone: Synesthetic correspondences in nonsynesthetes between tastes/flavors and musical notes" (2010) 72(7) *Attention, Perception, & Psychophysics* 1994-2002.

115 Richard J. Stevenson, "Olfactory illusions: Where are they?" (2011) 20 *Consciousness and Cognition* 1887-1898, 1894-1895.

116 Lee Sela and Noam Sobel, "Human olfaction: a constant state of change-blindness" (2010) 205 *Experimental Brain Research* 13-29, 13.

(multimodal perception)이라고 한다.[117] 이러한 현상은 의식적인 지각뿐만 아니라 개별 감각 차원에서 수행하는 잠재의식적 수준의 지각과도 밀접한 관련이 있는데, 실제로 각 감각별로도 다양한 형태의 잠재의식적 지각(subliminal perception)이 존재한다는 것이 밝혀진 바 있다.

우선 잠재의식적 지각(subliminal perception)은 타키스토스코프(tachistoscope)와 같은 시각적 사례나, 역마스킹(backward masking)과 같은 청각적 사례에만 국한되지 않는다. 오늘날 향기 마케팅 분야에서는 잠재의식적 후각 자극 기법이 활용된 다양한 사례들이 보고되고 있다. 향기 마케팅은 고대에도 알려져 있었지만 오늘날에는 종종 "에어 디자인"(air design)이라는 방식으로 구현된다. 이것은 향을 설계하고 향기 마케팅을 위해 향의 분사 시스템을 설치하는 과정을 의미한다.[118] 이와 관련해 향수를 사용한 판매 공간이 매출 증가에 기여한다는 사실도 입증된 바 있다.[119] 또한 "전자코"(e-nose)와 같은 후각 관련 기술은 오래전부터 개발되어 왔으며, 이러한 기술은 식품 품질 관리와 같은 식품 산업 분야는 물론 의료 분야에서도 큰 잠재력을 가지고 있다.[120]

아직 많이 연구되지는 않았지만 잠재의식적인 미각(이른바 "미각적(gustatory) 자극")과 이에 대한 인간 뇌의 반응에 관한 연구도 진행된 바 있다. 그러나 이와 관련하여 잠재의식적 미각 처리(subliminal taste processing)를 보다

---

117 Adam J. Privitera, "Sensation and perception" in Robert Biswas-Diener and Edward Diener (eds.), *Noba Textbook Series: Psychology* (Champaign, IL: DEF publishers, 2021); http://noba.to/xgk3ajhy.

118 Bernadette Emsenhuber, "Scent Marketing: Making Olfactory Advertis- ing Pervasive" in Jörg Müller, Florian Alt, and Daniel Michelis (eds.), *Pervasive Advertising* (Springer, 2011) 343-360, 344.

119 *Ibid.*

120 M. Ghasemi-Varnamkhastia et al., "Potential application of electronic nose technology in brewery" (2011) 22(4) *Trends in Food Science & Technology* 165-174, 168 and Erica R. Thaler and C. William Hanson, "Medical applications of electronic nose technology" (2005) 2(5) *Expert Review of Medical Devices* 559-566, 559.

깊이 이해하기 위해서는 추가적인 연구가 필요하며, 특히 "다양한 잠재의식적 미각의 특성, 강도, 정서적 가치(valence)"뿐만 아니라 "체감 감각"(somatosensation)과 같은 다른 감각들의 영향에 대한 연구를 요구한다는 결론이 내려졌다.[121] 이러한 연구의 중요성은 앞으로 더욱 커질 전망이다. 왜냐하면 "전자 혀"(e-tongue) 또는 "전기 미각 인터페이스"(electric taste interfaces)와 같은 신기술이 발전하면서, 전자적 방식으로 다양한 미각 자극을 생성하는 것을 가능하게 만들 것이기 때문이다. 실제로 이미 전자 미각 센서는 약물의 맛을 바탕으로 환자의 약물 수용 가능성을 평가하는 데 활용되고 있다.[122] 가까운 미래의 기술 발전은 사람들로 하여금 "텍스트, 오디오, 시각 정보를 온라인에서 경험하듯이, 맛도 디지털 방식으로 인터넷을 통해 경험할 수 있게 할 것"으로 보인다.[123]

촉각(haptic sense)과 잠재의식적 접촉(subliminal touch)에 관한 유사한 연구도 활발히 이루어지고 있다. 예를 들어 두 곳의 레스토랑에서 실시한 실험에서는 종업원이 손님들의 손이나 어깨를 가볍고 눈에 띄지 않게 접촉했을 때 더 많은 팁을 받는 경향이 있는 것으로 나타났다.[124] 또 다른 연구에서는 잠재의식적 촉각 자극(subliminal haptic stimuli)이 사람들의 선호도에 영향을 줄 수 있는지를 확인하고자 했으며, 실험 결과 실제로 영향을 미친다는 사실이 입증되었다.[125] 이처럼 잠재의식적인 촉각 신호(subliminal hap-

---

121 Camilla Arndal Andersen et al., "EEG discrimination of perceptually similar tastes" (2019) 97 *Journal of Neuroscience Research* 241-252, 252.

122 Abeer H.A. Mohamed-Ahmed et al., "Non-human tools for the eva- luation of bitter taste in the design and development of medicines: a systematic review" (2016) 21(7) *Drug Discovery Today* 1170-1180, 1179.

123 Adrian David Cheok and Kasun Karunanayaka, *Virtual Taste and Smell Technologies for Multisensory Internet and Virtual Reality* (Cham: Springer, 2018) 2.

124 Diane Ackerman, *A Natural History of the Senses* (New York: Vintage Books, 1990) 122-123.

125 Marcos Hilsenrat and Miriam Reiner, "The impact of subliminal haptic perception on the preference discrimination of roughness and compliance" (2011) 85 *Brain Research*

tic cues)가 의사결정에 영향을 미칠 수 있음이 밝혀짐에 따라 이러한 점은 다양한 제품 디자인에도 응용될 수 있게 되었다. 특히 "포장 디자인, 직물, 벽지, 착용감 있는 의류, 그리고 우리가 손으로 접하게 되는 전반적인 환경 디자인 설계"에 중요한 시사점을 제공한다.[126] 또 다른 가능성 있는 활용 예로는 복잡한 작업을 수행해야 하는 상황에서 지시를 내리는 대신 원하는 물체나 인터페이스, 손잡이 등에 선호하는 특성을 은연중에 부여하는 방식도 제시되고 있다.[127] 또한 가상현실(VR) 환경에서의 상호작용이나 원격 조작(telemanipulation) 분야는 더 많은 응용 가능성의 영역을 열어줄 것이다.[128] 다른 감각들과 마찬가지로 촉각 역시 "전자 피부"(e-skin)를 통해 발전하고 있으며, 다양한 소재와 구조 설계를 조합해 인간 피부의 특성을 모방하고 재현할 수 있는 전자 장치로 기능한다. 이 기술은 스마트 로보틱스, 사물인터넷(IoT), 인간-기계 인터페이스(HMI) 등 여러 분야에서 지대한 영향을 미칠 수 있는 잠재력을 지니고 있다.[129]

흥미로운 점은 각 감각이 잠재의식적 지각(subliminal perception)에 반응하는 연구 결과를 살펴보면, 각 감각이 서로 간섭할 뿐만 아니라 전체적인 경험을 강화하기도 한다는 사실이다. 이러한 발견은 다감각적 경험의 중요성을 뒷받침해 줄 뿐만 아니라, 오늘날은 물론 미래의 경제 활동에서도 매우 실질적인 관련성을 가진다. 일반적으로 경제는 유형적인 상품 중심에서 무형의 가치 중심으로 점진적인 전환을 겪어왔고, 이것은 "창조경제"(creative economy)라는 개념을 통해 설명되고 있다.[130] 법 분야에서도 이러한 무

Bulletin 267-270, 269.

126 *Ibid., 270.*

127 *Ibid.*

128 *Ibid., 420.*

129 Chunfeng Wang, Caofeng Pan, and Zhonglin Wang, "Electronic Skin for Closed-Loop Systems" (2019) 13 *ACSNano* 12287-12293, 12287.

130 John Howkins, *The Creative Economy: How People Make Money From Ideas* (London: Penguin, 2002) xiii-xiv.

형적 요소의 부상은 다자간 무역 체계의 변화로 인식되어 왔다. 과거에는 상품 중심의 무역이 주를 이뤘다면 이제는 서비스 무역을 넘어 지식재산권까지 무역의 영역에 포함된 것이다. 이와 같은 흐름은 앞으로도 계속될 것이며, 무형의 인지적 요소들은 이른바 "경험 경제"(experience economy)라 불리는 새로운 경제 환경에서 더욱 중요한 역할을 하게 될 것으로 보인다. 경험 경제란 전통적인 재화와 서비스를 단순히 판매하는 것을 넘어서, 그것들에 경험을 덧입혀 보다 효과적으로 판매하려는 방식으로의 전환을 의미한다. 이러한 맥락에서 다감각적 경험(multisensory experience)은 기업 활동에 있어 매우 효과적인 수단으로 부각되었는데, 이것도 "경험이 감각적으로 풍부할수록 더 오래 기억에 남는다"는 연구 결과로 요약된다.[131]

여러 감각 또는 모든 감각을 활용하려는 핵심 아이디어는 고객의 경험을 향상시키는 데에 있고, 이것은 궁극적으로 재방문 고객의 증가와 매출 증가로 이어진다. 예를 들어 미용사가 샴푸나 로션을 사용하는 이유는 단순히 스타일링을 위한 것이 아니라, 고객에게 더 풍부한 촉각적 경험을 제공하기 위해서이기도 하다.[132] 마찬가지로 카지노에서는 쾌적한 향기에 노출된 공간에서 슬롯머신 수익이 증가했다는 연구 결과를 바탕으로 향을 적극 활용하고 있다.[133] 이처럼 다감각적 요소가 마케팅 효과와 고객 경험을 동시에 향상시킨다는 사실은 제품 포장 디자인 분야에서도 확인된다.[134] 이와 관련된 흥미로운 잠재의식적 지각(subliminal perception)의 사례 중 하나는 브랜드명에 사용되는 서체다. 서체는 소비자의 마음에 특정한 기대감을

---

131 B. Joseph Pine II and James H. Gilmore, *The Experience Economy: Work is Theatre & Every Business a Stage* (Boston: Harvard Business School Press, 1999) 59.

132 *Ibid.*

133 Lana Lam, "Casinos get a whiff of dollars and scents: a nose for business, or just fragrant exploitation?" *South China Morning Post* (Hong Kong) (1 May 2011) 1 .

134 Carlos Velasco and Charles Spence, "Multisensory Product Packaging: An Introduction" in Carlos Velasco and Charles Spence (eds.), *Multisensory Packaging: Designing New Product Experiences* (Cham: Palgrave Macmillan, 2019) 1-18, 4.

형성할 수 있다. 예를 들어, 코카콜라 병에 사용된 "스펜서리안 스크립트"(Spencerian Script) 서체의 부드럽고 둥근 곡선 형태는 소비자에게 달콤한 맛이 연상되도록 하는 역할을 한다.[135] 의식적 · 무의식적 점화(priming)에 대한 한 연구에서는 맥도날드와 같은 브랜드의 로고가 가려진 상태에서 서체만으로 해당 브랜드명(예: "맥도날드")뿐만 아니라 그 브랜드와 연관된 단어들까지 연상시킬 수 있는 효과가 있다는 사실을 밝혀냈다.[136] 또한 색채에 담긴 잠재의식적 메시지(subliminal messages) 역시 브랜드 디자인에서 의미와 메시지를 즉각적으로 전달하는 수단으로 활용할 수 있음을 확인했다.[137]

감각적인 경험을 더욱 인상 깊게 만드는 방식의 잠재적인 부작용은 "설계를 통한 중독"(addiction by design)으로 이어질 수 있다는 점이고, 이는 도박 기계에서 확인된 바 있다.[138] 이처럼 디자인과 행동 중독 간의 연관성은 "소셜 네트워크 서비스"(SNS)와 휴대전화를 사용할 수 없을 때 느끼는 불안인 "노모포비아"(nomophobia)에 관한 논의에서도 다루어진 바 있다.[139] 또한 유출된 "페이스북 문건"(Facebook Papers)에 따르면 가상 메타버스 역시 중독성을 기반으로 설계된 측면이 있다.[140]

---

135 Carlos Velasco and Charles Spence, "The Role of Typeface in Packaging Design" in Carlos Velasco and Charles Spence (eds.), *Multisensory Packaging: Designing New Product Experiences* (Cham: Palgrave Macmillan, 2019) 79-101, 81.

136 Gigliola Brintazzoli, "Conscious, but not unconscious, logo priming of brands and related words" (2012) 21 *Consciousness and Cognition* 824-834, 824.

137 Faten Farouk Atrees, "The concept of subliminal messages in Brand design" (2013) 3(1) *International Design Journal* 23-28, 26.

138 Natasha Dow Schüll, *Addiction by Design: Machine Gambling in Las Vegas* (Princeton, NJ: Princeton University Press, 2012) 14.

139 Eliana Bergamin, *Social network sites addiction by design: a compatibilist free–will analysis towards policy intervention* (Master Thesis) (Enschede: University of Twente, 2021) 24 and 31; http://purl.utwente.nl/essays/ 88302.

140 Raf Casert and Kelvin Chan, "Facebook whistleblower warns that metaverse will be 'addictive'" *WDSU News* (9 November 2021); https://www.wdsu.com/article/facebook-

감각들 사이에는 잠재의식적(subliminal)으로든 의식적(conscious)으로든, 나아가 초의식적(supraliminal), 유사의식적(transliminal), 심지어 준의식적(paraliminal) 수준에서도 훨씬 더 다양한 상호작용이 존재한다. 그리고 이들 중 상당수는 우리가 현실을 보다 정확하고 최선의 방식으로 인식하는 데 매우 중요한 역할을 할 수 있다. 이렇듯 감각 간 상호작용과 그로 인한 착각과 관련된 매우 실용적인 사례들은 항공 의학 분야에서 발견할 수 있다.[141] 항공에서는 조종사가 "계기판을 통해 보는 정보와 자신의 몸이 느끼는 감각 사이에서 감각적 충돌(sensory conflict)"을 경험하고, 어떤 감각을 신뢰할 것인지 판단해야 하는 상황에 직면하게 된다.[142]

전반적으로 감각의 역할과 그 상호작용은 감각들 사이에 존재할 수 있는 위계(hierarchy)에 대한 철학적이고 과학적인 논쟁들을 불러일으켜 왔다.[143] 서로 다른 감각들 사이의 상호작용을 고려할 때, 감각들 사이에 엄격한 위계를 설정하려는 시도는 무의미하다. 어느 감각이 다른 감각보다 더 우선하는지는 맥락에 따라 달라지며, 이것은 각 예술 장르가 특정 감각에 호소하는 방식에서도 확인할 수 있다. 예를 들어 시각예술은 시각에, 음악은 청각에, 조형예술은 촉각에 주로 작용하듯이 예술의 다양한 형태는 각기 다른 감각에 작용한다. 그러나 대부분의 예술 형태는 두 가지 이상의 감각을 결합하거나 심지어 모든 감각을 아우르기도 하며, 이는 독일어 "Gesamtkunstwerk"인 "총체적인 예술 작품"이라는 개념에서도 잘 드러난

---

whistleblower-warns-that-metaverse- will-be-addictive/38200565#.

141 Jorg Draeger and Jürgen Kriebel (eds.), *Praktische Flugmedizin* (Lands- berg: ECOMED, 2002) 82-83.

142 Federal Aviation Administration (FAA), *Spatial Disorientation*, 4; http s://www.faa.gov/pilots/safety/pilotsafetybrochures/media/SpatialD.pdf.

143 Danijela Kambaskovic-Sawers and Charles Wolfe, "The Senses in Philosophy and Science: From the Nobility of Sight to the Materialism of Touch" in Herman Roodenburg (ed.), *A Cultural History of the Senses in the Renaissance* (London: Bloomsbury, 2019) 107-125.

다. 이 용어는 독일 철학자 카를 트란도르프(Karl F.E. Trahndorff)가 처음 사용했고, 모든 예술은 각각이 지닌 내적 생명력의 통일성과 조화를 이루는 방식으로 다양한 예술 요소들을 통합하고자 하는 공통된 바람을 나타낸다.[144] 최근에는 이 개념에 대해 다음과 같이 설명했다:

> "총체적인 예술 작품"으로 번역되는 "Gesamtkunstwerk"는 예술 이론과 미학에서 노래, 춤, 시, 회화, 조각, 건축 등 다양한 예술 형식의 종합을 의미하며, 동시에 "총체적인" 공연이 제공하는 모든 감각을 아우르고 깊이 몰입토록 하는 경험을 가리킨다.[145]

오늘날에는 시대를 초월하여 "총체적인 예술 작품"을 창조하려는 열망이 이어지고 있으며, 현대 미디어 아트나 8대 반자율 로봇이 공연하는 로봇 오페라(Robot Opera, 2015)와 같은 형태로 인공지능과 로봇 기술의 시대 속에서 여전히 살아 숨쉬고 있다.[146]

한편, 감각들 사이의 복잡한 상호작용을 이해하는 데 있어, 감각의 위계와 관련된 두 가지 중요한 점을 함께 기억할 필요가 있다.

> 감각의 위계는 문화적으로 형성된 개념이자(따라서 이념적 전제에 기반한 것) 동시에 인류 종의 계통발생적 진화 과정의 산물(신체의 직립 자세와 인간 종에 특화된 뇌 기능의 발달)이고, 문명화 과정 속에서 발생한 기술적 변화(구술 문화를 문자 문화로 대체한 것, 인쇄술의 발명 등)이다.[147]

---

144 Karl F.E. Trahndorff, *Aesthetik oder Lehre von der Weltanschauung und Kunst* (Berlin: Maurer, 1827) 312.

145 Sylvia J. Martin, "Michael Jackson's Gesamtkunstwerk: Artistic Interrelation, Immersion, and Interactivity: From the Studio to the Stadium" (2015) 11(5) *Liminalities: A Journal of Performance Studies* 1-34, 2.

146 Wade Marynowsky, Julian Knowles, and Andrew Frost, "Robot Opera: A Gesamtkunstwerk for the 21st Century" in Jeffrey T.K.V. Koh et al. (eds.), *Cultural Robotics* (Cham: Springer, 2016) 143-158.

147 Robert Jütte, *A History of the Senses: From Antiquity to Cyberspace* (Cambridge: Polity,

인간의 (인지적) 진화와 기술 발전의 역할은 특히 강조할 필요가 있다. 이 두 요소는 서로 밀접하게 연결되어 있을 뿐만 아니라 오늘날 인공지능의 규제 논의와도 깊은 관련이 있기 때문이다. 기술의 진화는 항상 인간 진화와 긴밀하게 얽혀 있었다.[148] 장 보드리야르(Jean Baudrillard)가 기술을 "신체의 연장선으로서의 정신의 표현"으로 묘사한 바와 같이, 외적으로는 이러한 얽힘이 강조되었다.[149] 그에 따르면 망원경과 현미경은 시각의 확장, 자동차는 인간의 이동 능력의 확장, 그리고 의료 기술조차도 폐를 대변하는 호흡기, 심장을 대변하는 심장박동 조율기와 같이 신체의 중요한 내부 기능을 확장하는 역할을 한다.[150] 오늘날에는 이러한 많은 건강 관련 기기들이 인공지능을 활용하도록 업그레이드되어(예: 의료 사물인터넷(Internet of Medical Things)) 인체 기능을 향상시키는 데 사용되고 있다. 예를 들어 스마트 심박 박동조율기, (유아 모니터용) 스마트 양말, 인공 판막, 뇌 및 척추 전기 자극기, 컴퓨터 기반 인공 팔다리 등이 있으며, 이러한 장치들은 추가적인 위험을 초래할 수 있다.[151] 또한 코로나19 팬데믹에 대한 대응 과정은 인공지능, 사물인터넷(IoT), 빅데이터, 고급 분석 기술, 그리고 머신러닝의 활용을 한층 더 가속화시켰다.[152]

2005) 61 [footnote omitted].

148 Sarah Kaplan and Mary Tripsas, "Thinking about technology: Applying a cognitive lens to technical change" (2008) 37 *Research Policy* 790-805.

149 Jean Baudrillard, *Symbolic Exchange and Death* (Los Angeles: SAGE, 1993) 178.

150 Regis A. De Silva, "End-of-Life Legislation in the United States and the Semiotics of the Female Body" in Sarah Earle, Carol Komaromy, and Caroline Bartholomew (eds.), Death and Dying: A Reader (London: Sage, 2009) 25-33, 27.

151 Linda F. Hogle, "Enhancement Technologies and the Body" (2005) 34 Annual Review of Anthropology 695-716 and Nicole M. Thomasian and Eli Y. Adash, "Cybersecurity in the Internet of Medical Things" (2021) 10(3) *Health Policy and Technology* 1-9.

152 Raju Vaishya et al., "Artificial Intelligence (AI) applications for COVID-19 pandemic" (2020) 14 *Diabetes & Metabolic Syndrome: Clinical Research & Reviews* 337-339; https://doi.org/10.1016/j.dsx.2020.04.012 and Nishita Mehta and Sharvari Shukla, "Pandemic Analytics: How Countries are Leveraging Big Data Analytics and Artificial Intelligence to

인간이 자신의 외부에 있는 인공적인 사물조차 자신의 일부처럼 느끼는 경향은 "고무손 착각"(Rubber Hand Illusion) 실험을 통해 과학적으로 입증된 바 있다.[153] 이러한 관점에서 보면 인공지능은 인간의 정신을 확장한 것으로 볼 수 있으며, 이것은 인공지능을 인간의 정신을 모방하는 존재로 설명하는 것과도 잘 들어맞는다. 이러한 모방은 하나의 역설을 낳기도 하지만, 궁극적으로는 인간 인지의 의식적 측면뿐 아니라 무의식적 측면을 모두 포괄하게 될 것이다.[154] 또한 이것은 인간의 뇌와 컴퓨터 내부의 비밀스러운 과정을 설명하기 위해 사용되는 블랙박스(black box) 비유와도 잘 부합한다.[155] 이제는 심지어 컴퓨터조차도 "잠재의식"(subconscious)[156]을 가진 존재로 묘사하거나 "잠재 채널"(subliminal channels)[157]을 활용한다고도 말한다. 그리고 인간의 정신처럼 이러한 인공지능형 기계들 역시 적대적 이미지(adversarial images)나 심지어 오디오를 통해 조작되거나 혼란에 빠질 수 있다.[158] 기술을 인간 신체의 확장으로 보는 이러한 시각은 로마 작가인 아

Fight COVID-19?" (2022) 3(54) SN *Computer Science* 1-20; https://doi.org/10.1007/s 429 79-021-00923-y.

153 Gallace and Spence, *supra* note 110, 183-185.

154 Eugene Piletsky, "Consciousness and Unconsciousness of Artificial Intelligence" (2019) 11 *Future Human Image* 66-71, 70;

155 Bernice B. Donald and Erica Bakies, "A Glimpse inside the Brain's Black Box: Understanding the Role of Neuroscience in Criminal Sentencing" (2016) 85(2) *Fordham Law Review* 481-502, 501-502; and Frank Pasquale, *The Black Box Society: The Secret Algorithms that Control Money and Information* (Cambridge, MA: Harvard University Press, 2015). https://doi.org/10.29202/fhi/11/7.

156 Robert C. Schank, "The Computer's Subconscious" (2008) 23(3) *Applied Artificial Intelligence* 186-203, 190 and 203.

157 Alexander Hartl et al. "A Subliminal Channel in EdDSA: Information Leakage with High-Speed Signatures" (2017) *MIST '17: Proceedings of the 2017 International Workshop on Managing Insider Security Threats* 67-78, 67; https://doi.org/10.1145/3139923.3139925.

158 Yehao Kong and Jiliang Zhang, "Adversarial Audio: A New Information Hiding Method and Backdoor for DNN-based Speech Recognition Models" (2019) *arXiv* 1-12, 3; https://arxiv.org/abs/1904.03829.

피우스 클라우디우스 카이쿠스(Appius Claudius Caecus)가 "인간은 스스로 자신의 운명을 만들어가는 존재이다"(Homo faber suae quisque fortunae)라고 묘사했던 "호모 파베르"(homo faber) 개념과도 맞닿아 있다.[159] 인공지능의 맥락과도 잘 맞아떨어지는 "호모 파베르"(homo faber)라는 개념은 앙리 베르그송(Henri Bergson)에 의해 "인공적 대상을 만들어내는 능력"으로서의 지능을 정의하는 데에도 사용되었다.[160]

이러한 비유는 결코 정신에서 도구로 향하는 일방적인 흐름만을 의미하지 않는다. 오히려 컴퓨터, 디지털 기술, 인공지능, 증강현실과 같은 새로운 "도구" 혹은 "장난감"들이 미래의 인간 정신에서 감각과 지각에 어떠한 인지적 영향을 미치게 될 것인지에 대한 물음을 던진다.[161] 오늘날 감각의 미래는 아마도 "공감각"(synaesthesia)이라는 개념을 통해 가장 잘 설명될 수 있을 것이다. 공감각은 감각들 사이의 상호작용이 더 강화되고 통합되는 현상을 의미한다. 기술적으로는 증강현실(AR)의 이면에 존재하는 근원적 욕망으로 볼 수 있고, 증강현실(AR)은 미래의 감각 기관의 확장으로 간주될 수 있다. 이러한 비유는 우리에게 또 하나의 중요한 점을 일깨워준다. 즉 기술이 인간 존재의 중요한 특성들을 어떻게 외재화하는가에 대한 논의뿐만 아니라, 우리가 그러한 기술들을 어떻게 다시 내면화해 가는지에 대한 사회적 논의 역시 이뤄져야 한다는 것이다.

더 나아가 기술의 발전에서 드러나는 인간의 지능과 인공지능의 진화에서의 유사한 흐름은 언어의 변화 속에서도 나타난다.[162] 언어와 기술 사이

---

159 Gaius Sallustius Crispus, *Coniuratio Catilinae Et Bellum Jugurthinum* (Venice: Aldus, 1563) 95 and Henryk Hoffmann, *Latin in Modern Fiction: Who Says It's a Dead Language?* (Wilmington, DE: Vernon Press, 2021) 261.

160 Henri Bergson, *Creative Evolution* (New York: Henry Bolt, 1911) 139.

161 Lorenzo Cecutti, Anthony Chemero and Spike W. S. Lee, "Technology may change cognition without necessarily harming it" (2021) 5 *Nature Human Behaviour* 973-975, 974-975.

162 Rostam J. Neuwirth, "The 'Letter' and 'Spirit' of Comparative Law in the Time of 'Artificial Intelligence' and other Oxymora" (2020) 26(1) *Canterbury Law Review* 1-31, 8.

의 유사성은 기술의 점진적인 융합, 혼성어(portmanteau word)와 모순어법(oxymoron)의 사용, 그리고 감각에 대한 통합적 고려 속에서도 드러난다. 이러한 비유는 인공지능에 대한 규제 제안을 통해 법의 영역으로도 확장되며, 언어는 특히 공학적인 은유를 통해 기술의 연구와 설계 모두에 영향을 미친다.[163] 더 넓은 의미에서 보면, 언어 —특히 은유는— 기술과 인간의 정신 사이의 연결을 보여주는 수단으로 여겨진다.[164] 이와 같은 맥락에서 보면 언어가 법에 영향을 미친다는 사실 역시 자연스럽게 이해된다. 즉 "법은 언어가 변함에 따라 변한다. 어쩌면 언어가 변하기 때문에 법도 변하는 것일지도 모른다"는 말처럼 말이다.[165] 나아가 법이 기술 변화에 항상 뒤처지는 것만은 아니며, 오히려 법 자체가 기술을 변화시키는 역할을 하기도 한다는 점 역시 입증된 바 있다(주로 언어 전반의 변화, 특히 은유 표현의 변화를 통해서 이루어지는 경우가 많다).[166] 이러한 법의 이중적 역할은 다음과 같은 말로 잘 설명된다:

> 기술의 발전은 종종 법이 변화하도록 상당한 압력을 가한다. 하지만 그 반대의 경우도 마찬가지다. 법 역시 기술과 기술 발전에 영향을 미치며, 기술에 있어 법은 촉진제이자 동시에 제약 요소이기도 하다.[167]

---

163 Maarten Boudry and Massimo Pigliucci, "The mismeasure of machine: Synthetic biology and the trouble with engineering metaphors" (2013) 44 Subliminal perception and the law 79 *Studies in History and Philosophy of Biological and Biomedical Sciences* 660-668.

164 Douwe Draaisma, *Metaphors of Memory: A History of Ideas about the Mind* (Cambridge: Cambridge University Press, 2000) 3.

165 Adolph S. Oko, "Introduction" in Nathan S. Isaacs, *The Law and the Change of Law* (Miami, FL: Hardpress, 2012) 1-8, 6.

166 Lyria Bennett Moses, "Recurring Dilemmas: The Law's Race to Keep up with Technological Change" (2007) 2007(2) *University of Illinois Journal of Law, Technology & Policy* 239-286, 239 and Wolfgang Däubler, "Gestaltung neuer Technologien durch Recht?" (1986) 19(2) *Zeitschrift für Rechtspolitik* 42-48, 42.

167 Volker Boehme-Neßler, *Pictorial Law: Modern Law and the Power of Pictures* (Berlin: Springer, 2011) 7.

언어의 영향력을 보여주는 또 다른 흥미로운 사례는 공상과학(SF) 소설이다. 겉보기에는 모순어법처럼 느껴지는 "공상과학"(science fiction)이라는 표현이지만, 오히려 미래를 예측하는 데 있어 매우 큰 가치를 지니는 것으로 밝혀졌다. 어쩌면 그것은 미래를 미리 만들어냄으로써 예측하는 방법일 수도 있다. 소설과 공상과학은 독자들에게 초의식적(supraliminal)이든 잠재의식적(subliminal)이든 다양한 단서를 제공할 수 있으며, 이러한 요소들이 의도적으로 사용될 경우 "예측적 프로그래밍"(predictive programming)을 통해 작가에게 미래를 어느 정도 예견하는 힘을 부여할 수도 있다.[168] 예를 들어 조지 오웰(George Orwell)은 1948년에 발표한 그의 디스토피아 과학 소설 『1984』에서 다음과 같은 예측을 했다:

> "인쇄술의 발명은 여론을 조작하는 일을 훨씬 쉽게 만들었고, 영화와 라디오는 그 과정을 한층 더 가속화시켰다. 텔레비전의 발달과 하나의 기기로 동시에 송수신이 가능해진 기술적 진보는 결국 사생활의 종말을 가져왔다."[169]

돌이켜보면 오웰의 소설은 1984년이 되었을 무렵 이미 더 이상 공상과학 소설이 아니었고, 이제는 "(법)역사의 과학"에 속한다고 볼 수 있다.

궁극적으로 역사란 본질적으로 —혹은 그래야만 하는— 미래를 향한 것이어야 한다.[170] 법도 역시 마찬가지로 "법적 허구"(legal fictions)라는 고유한 형태의 허구를 자주 활용한다.[171] 현재의 논의 목적과 감각이 시간에 따

---

168 Rostam J. Neuwirth, "The Regulation of 'Fake News' in the Time of Oxy- mora: Facts and Fictions about the Covid-19 Pandemic as Coincidences or Predictive Programming?" (2021) *International Journal for the Semiotics of Law* 1-27, 12; https://doi.org/10.1007/s11196-021-09840-y.

169 George Orwell, *1984* (New York: Signet, 1950) 156.

170 Barbara Adam, "History of the future: Paradoxes and challenges" (2010) 14(3) *Rethinking History* 361-378, 373.

171 Lon L. *Fuller, Legal Fictions* (Stanford, CA: Stanford University Press, 1967) 1 and Kristin Y. Albrecht, *Fiktionen im Recht* (Baden: Nomos Verlag, 2020).

라 진화한다는 점을 고려할 때, 공상과학 작가들이 상상한 미래의 감각들이 어떤 모습일지 살펴보는 일도 의미가 있다. 그들의 상상 속에서 미래의 감각은 엑스레이 시각, 마음을 읽는 능력, 여섯번째 감각(미래를 감지하는 감각), 적외선 감지 능력, 사물의 성분을 분석하는 감각(터미네이터의 지각 능력), 위험을 감지하는 능력(스파이더 센스) 등으로 다양하게 그려진다.[172] 기술적 발명은 종종 공상과학 작가들의 상상력에서 영감을 받아 이루어지기 때문에, 타당한 접근이라 할 수 있다. 예를 들어 쥘 베른(Jules Verne)과 웰스(H.G. Wells)와 같은 공상과학 작가들은 종종 현실보다 앞서 그들의 상상만으로 현대 기술을 예견한 "향수를 불러일으키는 예언자"(nostalgic visionaries)로 불린다.[173] 예를 들어 웰스는 "세계의 두뇌"(world brain)라는 개념을 제시했는데, 이는 오늘날 인공지능과 빅데이터를 통해 전지전능한 역할을 하려는 인간의 열망과도 닮아 있다.[174] 그리고 뇌는 종종 컴퓨터(그리고 그 반대도 마찬가지로)와[175] 인터넷에 비유되기도 했다.[176] 이러한 유사성은 지금도 이어지고 있다.

이것은 "구글이 신이 된 시대"(Google as God)나 "디지털 수정구슬"(digital

---

172 Fiona Macpherson, "Individuating the Senses" in Fiona Macpherson (ed.), *The Senses: Classical and Contemporary Philosophical Perspectives* (Oxford: Oxford University Press, 2011) 3-43, 21-22.

173 Timothy Unwin, "Technology and Progress in Jules Verne, Or Anticipation in Reverse" (2000) 93(1) *Journal of the Australasian Universities Language and Literature Association* 17-35, 18 and 31.

174 Herbert G. *Wells, World Brain* (San Bernardino, CA: Read Books Ltd, 2016) 16 and Francis Heylighen and Marta Lenartowicz, "The Global Brain as a model of the future information society: An introduction to the special issue" (2017) 114 *Technological Forecasting & Social Change* 1-6, 1.

175 John Von Neumann, *Computer and the Brain* (New Haven, CT: Yale University Press, 1958) and Bruce J. Berman, "Artificial Intelligence and the Ideology of Capitalist Reconstruction" (1992) 6 *AI & Society* 103-114, 110.

176 Naomi Goldblum, *The Brain—Shaped Mind: What the Brain Can Tell Us about the Mind* (Cambridge: Cambridge University Press, 2004) 5-6.

crystal ball)과 같은 개념에서 보듯, 인간이 신의 역할을 하게 된다는 발상과도 맞닿아 있다.[177] "호모 데우스"(Homo Deus)'라는 표현이 보여주듯, 이제는 인간이 신의 자리를 대신하게 된 시대인 "인류세"(Anthropocene)에 접어들었으며[178] 더 이상 재난이나 실패를 자연이나 신의 탓으로 돌리기보다 "상황을 더 나아지게 하고 고통의 발생을 더욱 줄이는 것이 우리의 힘 안에 있다"는 사실을 인식해야 할 때이다.[179]

과학적 사실과 허구 사이의 경계는 인간의 인식 속에서도 모호해질 수 있으며, 이에 대해 니클라스 루만(Niklas Luhmann)이 과학적인 매체와 허구적인 오락 산업으로부터 받은 정보를 지적한 바 있다.[180] 비슷한 방식으로 과거와 미래의 구분 또한 인식 속에서 흐려질 수 있는데, 이는 앞으로 시간에 대한 인간의 이해와 지각 방식 자체가 급격하게 변화할 수 있기 때문이다.[181] 흥미롭게도 "시간"은 잠재의식적 지각(subliminal perception)의 심리물리학에서 누락된 차원으로 지목된 바 있다.[182] 외부적으로는 빅데이터와 인공지능, 내부적으로는 심리물리학과 공감각이 결합되어 라플라스의 가설 속 존재인 "라플라스의 악마"(Laplace's Demon), 즉 미래를 예측할 수 있는 전지적 존재를 실현하려는 기술과 인지의 공동 시도로 볼 수 있는 것이다.[183]

---

177 Dirk Helbing, *Next Civilization: Digital Democracy and Socio-Ecological Finance – How to Avoid Dystopia and Upgrade Society by Digital Means*, 2nd ed. (Cham: Springer, 2021) 63-84.

178 Eckart Ehlers and Thomas Krafft, "Managing Global Change: Earth System Science in the Anthropocene" in Eckart Ehlers and Thomas Krafft (eds.), *Earth System Science in the Anthropocene* (Berlin: Springer, 2006) 5-12, 5.

179 Yuval Noah Harari, *Homo Deus: A Brief History of Tomorrow* (New York: Harper, 2017) 19-20.

180 Niklas Luhmann, *The Reality of Mass Media* (Stanford, CA: Stanford University Press, 2000) 58.

181 Carlo Rovelli, *The Order of Time* (New York: Riverhead Books, 2018) 4.

182 Matthew Hugh Erdelyi, "Subliminal perception and its cognates: Theory, indeterminacy, and time" (2004) 13 *Consciousness and Cognition* 73-91, 81.

183 Pierre-Simon Laplace, *Philosophical Essay on Probabilities* (New York: Springer, 1995) 2,

요약하자면 이러한 관찰들은 "의식"(consciousness)이라 불리는 인간의 인지 상태가 감각, 뇌, 그리고 마음이 복합적으로 작용하는 매우 정교한 과정이라는 가설을 뒷받침하는 것으로 보인다. 이와 관련하여 의식과 무의식을 이분법적으로 구분하는 접근은 지나치게 단순화된 방식으로 여겨진다.[184] 이것은 흔히 마음-신체 문제(또는 마음-뇌 문제)로 알려져 있다.[185] 의식은 여전히 역설적인 존재이고 인간의 뇌 역시 마찬가지이다.[186] 일반적으로 역설은 "현재 지식이 부족한 지점을 드러낼" 뿐만 아니라, "과학적 탐구의 특정 분야에서 '패러다임의 전환'을 이끌어내는" 계기가 되기도 한다.[187] 무엇보다 중요한 것은 이러한 역설들이 보다 전체적이고 유연한 사고방식, 즉 "모순적 사고"(oxymoronic thinking)의 필요성을 강조한다는 점이다.[188] 의식에 이러한 사고를 적용하려면 지각(perception)을 바라보는 다감각적 접근(multisensory approach)이 바탕이 되어야 한다. 이것은 특히 중요한데, 왜냐하면 "우리가 하는 거의 모든 행동에는 다양한 감각이 동시에 작용"하고 있기 때문이다.[189] 이러한 관점은 다음 인용문에서도 잘 드러난다:

Richard Shearmur, "Dazzled by data: Big Data, the census and urban geography" (2015) 36(7) *Urban Geography* 965-968, 965 and Julia Simner, Neil Mayo, and Mary-Jane Spiller, " A foundation for savantism? Visuospatial synaestheter present with cognitive benefits" (2009) 45 Cortes 1246-1260, 1255.

184 Stanislas Dehaene et al., "Conscious, preconscious, and subliminal processing: a testable taxonomy" (2010) 10(5) *TRENDS in Cognitive Sciences* 204-211, 208.

185 Colin McGinn, "Can We Solve the Mind-Body Problem?" (1989) 98 (391) *Mind* 349-366, 366 ("The answer to the question that forms my title is therefore 'No and Yes'.") and Iona Miller "On the Quantum Aspects of Brain-Mind Problem" (2014) 5(3) *Scientific GOD Journal* 201-215, 201.

186 Narinder Kapur (ed.), *The Paradoxical Brain* (Cambridge: Cambridge University Press, 2011).

187 Narinder Kapur et al., "The Paradoxical Nature of Nature" in Narinder Kapur (ed.), *The Paradoxical Brain* (Cambridge: Cambridge University Press, 2011) 1-13, 1.

188 Rostam J. Neuwirth, *Law in the Time of Oxymora: A Synaesthesia of Language, Logic and Law* (New York: Routledge, 2018) 253.

189 Andrew J. Bremner, David J. Lewkowicz, and Charles Spence, "The multisensory ap-

우리의 눈, 귀, 코, 혀, 피부는 뇌가 우리의 주변 세계와 상호작용할 수 있도록 해주는 창구 역할을 한다. 각 감각을 따로따로 설명하는 것이 더 단순해 보일 수 있지만, 우리는 다양한 감각을 하나의 통합된 경험으로 처리할 수 있도록 진화해온 존재다.[190]

통합된 경험의 기저에 있는 인지 과정과 관련해서는 여러 감각의 활동을 아우르는 일종의 "공통 감각"(common sense)과 같이 감각들의 더 큰 통합성을 탐구할 필요가 있다.[191] 이러한 점은 인공지능 시스템이 두 가지 이상의 감각을 동시에 활용하는 기술을 적용하는 현재의 맥락에서도 중요한 의미를 갖는다. 이러한 작용은 통합된 다감각적 경험(a unified multisensory experience)과 부합하게끔 정보가 일부 감각에서는 잠재의식적으로(subliminally) 받아들여지고, 나머지 감각에서는 초의식적으로(supraliminally) 수용되는 방식으로 결합되어 일어날 수 있다. 지각에서 나타나는 이러한 현상은 "공감각"(synaesthesia)으로 설명되며, 이는 비유적으로나 실제로도 감각들이 더 통합되기 위한 유용한 출발점을 제공한다.

감각들을 함께 고려하는 개념은 "공감각"(synaesthesia)에서 나타나며, 이는 문자 그대로 "함께 느끼다"라는 의미다. 공감각은 "한 감각이 다른 감각을 동시에 불러일으키는 상태"로 정의된다.[192] 공감각(synaesthesia)은 "감각들의 신경학적 혼합",[193] "감각의 융합",[194] 혹은 "숨겨진 감각"[195]으로도 묘

---

proach to development" in Andrew J. Bremner, David J. Lewkowicz and Charles Spence (eds.), *Multisensory Development* (Oxford: Oxford University Press, 2012) 1-26, 18.

190 Privitera, *supra* note 117 [Italics added].

191 Lawrence E. Marks, *The Unity of the Senses: Interrelations among the Modalities* (New York: Academic Press, 1978) 3.

192 Noam Sagiv, "Synesthesia in Perspective" in Lynn C. Robertson and Noam Sagiv (eds.), *Synesthesia: Perspectives from Cognitive Neuroscience* (Oxford: Oxford University Press, 2005) 3-10, 3.

193 VandenBos, *supra* note 4, 1060.

194 Ophelia Deroy, *Sensory Blending: On Synaesthesia and Related Phenomena* (Oxford: Oxford University Press, 2017).

사된다. 공감각에서는 "감각적인 자극(혹은 그 자극을 상상하는 것조차도)이 추가적인 동시적 경험(또는 그 정신적 표상)을 유발할 수 있다"라고도 언급된다. 이를 통해 공감각을 지닌 사람들은 "소리를 보거나, 단어의 냄새를 느끼고, 색을 맛보거나, 음식을 먹을 때 촉각적인 형태를 느끼는 등"의 경험을 할 수 있다.[196] 무한한 감각의 수에 부합하게끔, 공감각은 오랫동안 다양한 방식으로 경험할 수 있는 현상으로 알려져 있다.[197] 현재까지 공감각적 지각은 50가지가 넘는 형태로 분류되어 있다.[198] 가장 일반적인 공감각 유형 중 일부는 "문자-색 공감각"(grapheme-colour synaesthesia)과 "어휘-미각 공감각"(lexical-gustatory synaesthesia)이다.[199] 전자는 사람이 문자, 숫자, 단어를 볼 때 특정한 색을 함께 인식하는 현상이고, 후자는 특정 단어를 들을 때 맛이 느끼는 경우이다.

공감각(synaesthesia)은 종종 잘못해서 "신경학적 결함"으로 여겨지고, 공감각을 지닌 사람들 역시 "환자"처럼 취급되곤 한다. 하지만 사실 공감각은 우리 모두가 경험하는 현상이다. 예를 들어 문학을 읽을 때 하나의 감각에 관련된 표현을 다른 감각을 묘사하는 데 사용하는 은유를 통해 공감각을 하게 된다.[200] 심지어 공감각은 의사결정 과정에서도 중요한 역할을 한다.[201]

---

195 Cretien van Campen, *The Hidden Sense: Synesthesia in Art and Science* (Cambridge, MA: The MIT Press, 2007) 158.

196 Aleksandra Maria Rogowska, *Synaesthesia and Individual Differences* (Cambridge: Cambridge University Press, 2015) 1.

197 Raymond Holder Wheeler, *The Synaesthesia of a Blind Subject* (Eugene, OR: University of Oregon Press, 1920) 3

198 Richard E. Cytowic, *Synesthesia: A Union of the Senses*, 2nd ed. (Cambridge, MA: MIT Press, 2002) 17.

199 VandenBos, *supra* note 4, 1060.

200 Shane Butler and Alex Purves, "Introduction: Synaesthesia and the Ancient Senses" in Shane Butler and Alex Purves (eds.), *Synaesthesia and the Ancient Senses* (Abingdon, Oxon: Routledge, 2014) 1-7, 1.

201 Raymond Holder Wheeler and Thomas D. Cutsforth, "Synaesthesia in Judging and Choosing" (1928) 1(3-4) *The Journal of General Psychology* 497-519.

이러한 공감각적 경험은 누구나 갖고 있지만, 그 감각의 종류나 수, 또는 강도는 사람마다 다를 수 있다. 모든 인간이 태어날 때부터 공감각적 능력을 가지고 있다는 과학적 증거도 있으며,[202] 설령 그 능력을 타고나지 않았더라도 훈련을 통해 익힐 수 있다는 연구 결과도 있다.[203] 이처럼 공감각은 대부분의 일상적인 경험과 깊이 연결된 다감각적 처리 과정을 나타낸다. 진화론적 관점에서는 공감각과 관련된 유전자가 "숨겨진 목적"(hidden agenda)을 품고 있다고 보기도 하는데, 이는 향후 감각이 앞으로 어떻게 발전할지 혹은 새로운 감각 기관의 등장할지를 암시하는 것일 수 있다.[204]

이러한 이유로 공감각(synaesthesia)은 이제 의학계에서 명백한 실제 현상으로 인정받고 있으며, "신경학, 심리학, 언어학, 비교해부학, 예술적 창의성, 철학, 심신 문제" 등을 포함하되 그것에 국한되지 않는 다양한 학문 분야에서 점점 더 큰 관심을 받고 있다.[205] 앞으로 살펴보겠지만 공감각은 법학, 특히 법적 기호학(legal semiotics) 분야에서도 큰 주목을 받아왔다.[206] 현재의 논의 목적상 이 현상에 대한 연구는 메를로-퐁티(Merleau Ponty)가 1962년에 주장한 바를 입증하는 과정이라 할 수 있다.

---

202 Daphne Maurer, Laura C. Gibson, and Ferrinne Spector, "Infant Synaesthesia: New Insights into the Development of Multisensory Perception" in Andrew J. Bremner, David J. Lewkowicz, and Charles Spence (eds.), *Multisensory Development* (Oxford: Oxford University Press, (2012) 229-250 and Ophelia Deroy and Charles Spence, "Are we all born synaesthetic? Examining the neonatal synaesthesia hypothesis" (2013) 37 *Neuroscience & Biobehavioral Reviews* 1240-1253.

203 Nicolas Rothen, Andrea-Laura Wantz, and Beat Meier, "Training synaesthesia" (2011) 40 *Perception* 1248-1250 and Roger Walsh, "Can Synaesthesia Be Cultivated? Indications from Surveys of Meditators" (2005) 12(4-5) *Journal of Consciousness Studies* 5-17.

204 David Brang and V. S. Ramachandran, "Survival of the Synesthesia Gene: Why Do People Hear Colors and Taste Words?" (2011) 9(11) *PLoS Biology* 1-6, 5.

205 Richard E. Cytowic, *Synesthesia: A Union of the Senses* (New York: Springer-Verlag, 1989) 2.

206 Sarah Marusek (ed.), *Synesthetic Legalities: Sensory Dimensions of Law and Jurisprudence* (Abingdon, Oxon: Routledge, 2017) and Neuwirth, *Law in the Time of Oxymora*, *supra* note 188.

공감각적 지각(Synaesthetic perception)은 오히려 규칙이며, 우리가 그것을 자각하지 못하는 이유는 과학적 지식이 경험의 중심축을 이동시켰기 때문이다. 그 결과 우리는 본래의 방식대로 보고, 듣고, 느끼는 법을 잊어버리고, 오히려 물리학자가 규정한 세계와 우리 몸의 구조에 근거해 무엇을 보고, 듣고, 느껴야 하는지를 추론하게 되는 것이다.[207]

전반적으로 공감각은 실제 존재하는 현상이자, 감각의 통합을 상징하는 완벽한 은유다. 의식 수준을 넘어 잠재의식적 자극 기법(subliminal techniques)을 활용하는 AI 시스템을 논의하는 데 적합한 개념이기도 하다. 과거 영화의 발명은 공감각에 비유되었는데, 영화는 "탈산업화되고 탈문자화된 인공적인 환경 속에서 다차원적이고 동시적인 감각 정보를 전달하는 유일한 미적 언어"로 불렸다.[208] 게다가 영화는 무성영화에서 시작해 유성영화로, 그리고 3D, 4D, 나아가 5D 영화로의 발전하면서 감각의 통합이 점점 강화되는 뚜렷한 경향을 보여준다. 인공지능 시스템은 가까운 미래에 이러한 흐름을 더욱 가속화할 것이다.

인공지능을 규제하기 위한 근본적인 문제는 잠재의식적 자극 기법(subliminal techniques) 사용 금지에 대한 위반 여부를 어떻게 판단할 것인가이다. 이는 궁극적으로 개별 감각에 대한 임계점과 모든 감각을 통합한 임계점을 어디에 설정하느냐에 달려 있다. 다시 말해 어떤 정보가 인간 지각의 한계를 밑돌아 전달되어 그 결과 잠재의식적으로 인식되느냐가 본질적인 질문인 것이다. 여기에는 주요한 두 가지 문제가 있다. 첫째, 각 감각은 서로 다른 지각의 임계점을 가진다는 점이다. 둘째, 시각의 경우 빛이나 속도를, 청각이나 후각은 분자의 존재 여부와 같은 요소들을 지각의 임계점을 설정하는 기준으로 사용한다는 점이다.[209] 이러한 문제는 초당 24 프레임

---

207 Maurice Merleau-Ponty, *Phenomenology of Perception* (London: Routledge & Keagan Paul, 1962) 229 [Italics added].

208 Gene Youngblood, *Expanded Cinema* (New York: P. Dutton & Co., 1970) 77.

209 R.A. Weale, "The Absolute Threshold of Vision" (1955) 35(1) *Physiological Reviews*

을 초과하는 속도로 영상이 재생될 때의 이미지에 대한 효과를 둘러싼 논쟁에서 잘 드러난다. 악명 높은 "25번째 프레임"은 종종 이미지 지각에서 잠재의식적 지각(subliminal perception)과 초의식적 지각(supraliminal perception) 사이의 경계로 여겨진다.[210] 게다가 어떤 정보는 두 가지 서로 다른 감각을 통해 인식될 수 있다. 예를 들어 "피부를 이용해 소리의 위치를 파악할 수 있으며, 그 정확도는 청각을 통해 인식할 때와 거의 비슷한 수준"인 것이다."[211]

그렇다면 청각,[212] 후각,[213] 미각,[214] 촉각[215]의 지각 임계점은 무엇일까? 사실 이러한 감각들 각각에 대해 명확한 임계점을 설정하는 것은 거의 불가능해 보인다. 그 이유 중 하나는 나이가 들면서 모든 감각의 임계점이 달라지기 때문이다.[216]

하지만 이러한 질문들은 기술과 법률 양 측면에서 매우 실질적인 중요성을 지닌다. 청각의 임계점이 기술에 적용되는 사례로는 인간의 청각 범위를 초과하는 주파수로 작동하는 여러 장치들이 있다. 예를 들어 초음파 세

233-246, 233.

210 Maria Florea, "History of the 25th Frame. The Subliminal Message" (2016) 6(3) *Communication and Globalization International Journal of Communication Research* 261-266.

211 George, A. Gescheider, "Some Comparisons Between Touch and Hearing" (1970) *IEEE Transactions on Man–Machine Systems* 28-35, 28.

212 L.J. Wheeler and E.D.D. Dickson, "The Determination of the Threshold of Hearing" (1952) 66(8) *The Journal of Laryngology & Otology* 379-395.

213 G.H. Cheesman and Stella Mayne, "The influence of adaptation on absolute threshold measurements for olfactory stimuli" (1953) 5(1) *Quarterly Journal of Experimental Psychology* 22-30.

214 L.M. Bartoshuk, "The psychophysics of taste" (1978) 31(6) *The American Journal of Clinical Nutrition* 1068-1077.

215 Carl E. Sherrick and James C. Craig, "The Psychophysics of Touch" in William Schiff and Emerson Foulke (eds.), *Tactual Perception: A Sourcebook* (Cambridge: Cambridge University Press, 1982) 55-81.

216 Belinda Train, *Introduction to Psychology: Fresh Perspectives* (Cape Town: Pearson, 2007) 122.

탁기, 침입자 감지 경보, 초음파 동물 퇴치기, 자동문 개폐 장치 등이 이에 해당한다.[217] 다른 감각들도 마찬가지다. 전자 피부, 전자 혀, 전자 코 등과 같은 새로운 장치들이 널리 사용되기 시작하면 이들 역시 감각에 대한 임계점과 관련된 문제가 존재하거나 곧 제기될 것이다. 다른 감각의 임계점을 넘는 방식으로 작동하는 더 많은 제품들 또한 향후 더욱 주목받고 실용적으로 활용될 가능성이 크다. 예컨대, 해충 방제를 위한 페로몬의 활용이나 쓴맛이 없는 의약품 개발 등이 좋은 예이다.[218]

감각의 임계점에 대한 질문은 "정신물리학"(psychophysics)이라는 분야에 속한다. 이 분야에서는 감각의 절대적 임계점, 즉 무의식과 의식의 상태를 구분하려는 시도가 오래전부터 이어져 왔다.[219] 이러한 노력은 보통 피실험자에게 점차 더 높은 강도의 자극을 주어 그 사람이 50%의 확률로 자극을 감지할 수 있는 최소 자극을 찾아내는 방식으로 이루어진다.[220] 그러나 이런 절대적 임계점의 문제는 근본적인 한계가 있다. 사람마다 감각에 대한 민감도가 다를 뿐 아니라 동일한 사람도 시점에 따라 감각의 임계점이 달라지기 때문이다.[221] 이런 이유로 임계점이라는 개념은 점차 신빙성을 잃거나 받아들여지지 않게 되었다.[222] 결론적으로 감각의 절대적인 임계점에 관한 문제는 다음과 같이 요약될 수 있다.

> 안타깝게도 자극의 특성을 고려하더라도 보편적으로 적용할 수 있는 절대적인

---

217 Kaoru Ashihara et al., "Hearing threshold for pure tones above 20 kHz" (2006) 27 *Acoustical Science and Technology* 12-19, 12.

218 Peter Witzgall, "Pheromones – future techniques for insect control?" (2001) 24(2) *Pheromones for Insect Control in Orchards and Vineyards IOBC wprs Bulletin* 114-122 and Mohamed-Ahmed et al., supra note 122, 1170.

219 John A. Swets, "Is there a sensory threshold?" (1961) 134 *Science* 168-177, 168.

220 Spencer A Rathus, *Psych^{6}: Introductory Psychology* (Boston: Cengage, 2020) 64.

221 *Ibid.*

222 Jeffrey N. Rouder and Richard D. Morey, "The nature of psychological thresholds" (2009) 116(3) *Psychological Review* 655-660, 655.

임계점은 존재하지 않는다. 주어진 자극에 대한 임계점은 사람마다 다를 뿐 아니라, 같은 사람이라도 달라질 수 있기 때문이다. **이러한 변동성을 다루기 위한 하나의 방법은 각 개인에게 맞는 고유한 임계점을 설정하는 것이다.**[223]

법적 관점에서 보면 의식과 무의식의 경계를 보편적으로 구분하는 기준선을 설정하는 것이 불가능하기 때문에 잠재의식적 자극 기법(subliminal techniques)을 명확히 금지하기가 어렵다. 이와 같은 맥락에서 지각적 인식을 하나의 통합된 개념으로 볼 수 없다는 지적도 있다. 왜냐하면 지각 정보는 대개 여러 측면으로 이루어져 있고, 그 각각이 인식되기 위한 고유한 임계점을 가지고 있기 때문이다.[224] 감각들 사이의 상호작용 역시 또 다른 문제를 야기한다. 예를 들어, 어떤 사람은 촉각 자극은 직접 느끼지 못하더라도 누군가 자신을 만지려 했다는 사실을 시각적으로 인식할 수 있고, 음식이 상했다는 사실을 맛으로는 못 느껴도 냄새로는 알아차릴 수 있다. 게다가 여러 감각 단서가 통합될 때 지각의 민감도가 달라진다는 연구 결과들도 있다.[225]

이는 잠재의식적 자극 기법이 각 개별 감각에만 적용되는 것이 아니라, 이들 감각들이 상호 결합되어 작용하는 전체적인 지각 과정에도 영향을 미친다는 것을 의미한다. 이것은 설령 각 감각마다 절대적인 임계점을 설정할 수 있다 하더라도 여러 감각이 동시에 작용하는 상황에서 잠재의식적 지각과 의식적 지각을 구분하는 데에는 여전히 본질적인 어려움이 존재한다는 결론으로 이어진다. 이와 관련해 주목할 점은 인간의 마음은 꽤나 변덕

---

223 Pamela K. Smith and Kathleen McCulloch, "Subliminal Perception" in V.S. Ramachandran (ed.), *Encyclopedia of Human Behavior*, vol. 1, 2nd ed. (London: Academic Press, 2012) 551-557, 551 [*Italics* added].

224 Stefan Wiens, "Subliminal emotion perception in brain imaging: findings, issues, and recommendations" (2006) 156 *Progress in Brain Research* 105-121, 117.

225 Jan Drugowitsch et al., "Optimal multisensory decision-making in a reaction-time task" (2014) 3 *eLife* 1-19, 1; https://doi.org/10.7554/eLife. 03005.

스럽기에 특정 자극을 감지하더라도 뇌가 어떤 이유로 그것을 무시하기로 선택할 수 있다는 것이다. 예를 들어 우리는 늘 자신의 코를 보고 있음에도 불구하고 그것을 인식하지 못하는 것과 마찬가지다.[226] 이는 마치 "공공연한 비밀"(open secret)이라는 모순된 표현처럼 어떤 것들은 늘 존재하기에 도리어 눈에 띄지 않게 된다. 비슷한 관찰이 후각에 대해서 나타난다. 인간은 매우 낮은 농도의 냄새도 감지할 수 있을 정도로 민감하지만, 실제로 우리의 주의를 후각으로 기울이게 되는 경우는 매우 강한 냄새일 때뿐이라는 연구 결과가 이를 뒷받침한다.[227]

법의 영역에서는 개인 간이나 개인 내에서 절대적인 임계점을 설정할 수 없다는 점이 매우 큰 문제다. 결국 임계점은 "평균적" 또는 "합리적인" 소비자의 관점을 바탕으로 한 일종의 법적 허구(legal fiction)에 따라 설정할 수밖에 없으며, 이마저도 그러한 실험에 사용되는 기준들 역시 불안정하고 시간이 지남에 따라 달라질 수 있다는 점을 감안해야 한다.[228]

감각의 분류 체계, 마음과 몸 또는 의식-무의식의 이분법, 그리고 절대적인 감각적 임계점의 부재와 같은 여러 문제점이 있음에도 불구하고, 향후 인공지능 시스템 규제를 위해 우리가 참고할 수 있는 몇 가지 유용한 결론이 있다. 첫째, 인간의 경험은 항상 다감각적인 과정이었다는 점이다. 역사적으로는 감각들을 개별적으로 바라보고 연구하는 오랜 전통이 있었으며, 그 중에서도 시각과 청각이 다른 감각들보다 더 큰 중요성을 부여받아 왔

---

226 Michael Pace, *Subliminal Psychology 101: How to Stealthily Penetrate, Influence, and Subdue Anyone's Mind without Them Suspecting a Thing* (Scotts Valley, CA: CreateSpace Publishing, 2018) 10-11.

227 Sela and Sobel, *supra* note 116, 13.

228 Thomas R. Lee, Glenn L Christensen, and Eric D. DeRosia, "Trademarks, Consumer Psychology, and the Sophisticated Consumer" (2008) 57(3) *Emory Law Journal* 575-650, 649 and Celine Shirooni, "Native Advertising in Social Media: Is the FTC's Reasonable Consumer Reasonable" (2018) 56 *Washington University Journal of Law & Policy* 221- 240, 222.

다. 하지만 공감각(synaesthesia)에 대한 연구가 보여주듯, 이러한 입장은 더 이상 적절하다고 여겨져서는 안 된다. 이것은 감각들을 개별적으로 그리고 통합적 형태로 동시에 연구해야 한다. 둘째, EU 인공지능법(AIA) 제4조에서의 인공지능 리터러시를 관한 조치가 예견하듯 새로운 기술 혁신의 지속적인 변화를 고려하는 것도 중요하다. 이러한 변화는 "경험경제"(experience economy)라는 개념에서도 잘 드러나는데, 경험경제는 결과적으로 수익 극대화를 위해 소비자에게 가능한 많은 감각을 통합함으로써 경제적 상품의 소비를 더욱 기억에 남도록 만들고자 한다. 또한 디지털화에 의한 새로운 기술들은 다른 감각 영역에서도 빠르게 발전하고 있다. 전자 피부, 전자 혀, 전자 코와 같이 인간의 감각을 모방하는 다양한 장치들이 이미 개발되고 있으며, 이러한 기술들은 머지않아 인공지능 기반의 다감각적 증강 및 가상현실의 환경의 생산을 완성해 나갈 것이다.[229]

EU 인공지능법(AIA) 제4조의 절차와 병행하여 인공지능 시스템 개발의 진전을 모니터링하고 연구하는 것뿐만 아니라, 인간의 인지 능력 변화에 대해서도 지속적이고 면밀한 관찰이 필요할 것이다. 역사적으로 감각 기관은 끊임없이 변화해 왔기 때문이다. 이러한 사실은 기술, 언어, 법, 그리고 인지 사이의 연관성을 다룰 때 간략히 언급되고 확인된 바 있다.[230]

마지막으로 이 맥락에서 주목할 점은 공감각(synaesthesia)이 신경과학을 비롯한 다양한 과학 분야뿐만 아니라 법학 분야에서도 유망한 연구 영역이라는 것이다. 이와 관련해 법과 감각의 관계는 다음과 같이 설명된다.

---

229 Susan S. Schiffman and Tim C. Pearce, "Introduction to Olfaction: Perception, Anatomy, Physiology, and Molecular Biology" in Tim C. Pearce et al. (eds.), *Handbook of Machine Olfaction: Electronic Nose Technology* (Weinheim: WILEY-VCH Verlag, 2003) 1-31, 26 and Wang, Pan, and Wang, *supra* note 129.

230 Michael Polanyi, *Knowing and Being* (Chicago: University of Chicago Press, 1969), 148, Arthur Zajonc, *Catching the Light: The Entwined History of Light and Mind* (Oxford: Oxford University Press, 1993), 184, and Neuwirth, *Law in the Time of Oxymora*, *supra* note 188, 135-43.

> 법과 감각의 관계에 대한 질문은 필연적으로 모든 지각이 지닌 공감각적 특성을 건드리게 된다. 법은 명확히 관찰 가능한 대상이라기보다는 오히려 물질적 · 가상적 · 지적 형태가 복합적으로 얽힌 경계 지을 수 없는 매트릭스를 통해 작동하는 하나의 원리이다. 따라서 법을 "감각한다"는 것은 감각을 지배하는 통합의 원리, 즉 아리스토텔레스의 주석가들이 처음으로 "공감각"(synaesthesia)이라 명명한 "공통감각"(common sense)과 "감각의 감각"(sensing of sense)의 참조 없이는 이해될 수 없다.[231]

따라서 공감각은 법을 감각과의 관계 속에서 개별적으로 그리고 집합적으로 보다 면밀히 고찰할 필요가 있다. 이러한 필요성은 법적 기호학(legal semiotics)과 법률 공감각(legal synaesthesia)이라는 관련 개념과 연구 분야에서도 포착된다.[232] 궁극적으로 인공지능과 기계학습이 만들어 내는 이른바 "가상현실"(virtual realities)을 포함한 현재와 미래의 복합적 현실은 가령 논리학 분야와 같은 영역에서 보다 폭넓은 인지적 변화를 요구할 것이다. 특히 법학에 있어서 이러한 변화는 기존의 이분법적 사고에 기반한 전통적 법 논리를 보다 유연하고 다가치적인 법 논리로 보완할 필요가 있음을 의미한다.[233] 이미 "지능형 기계"(intelligent machines)라는 표현이 모순어법(oxymo-

---

231 Nicola Masciandaro, "Synaesthesia: The Mystical Sense of Law" in A Philippopoulos-Mihalopoulos (ed.), *Routledge Research Handbook on Law and Theory* (London: Routledge, 2018), 179-201, 180 [Italics added].

232 Rostam J. Neuwirth, "Legal Semiotics and Synaesthesia" in Anne Wagner and Sarah Marusek (eds.), *Research Handbook on Legal Semiotics* (Cheltenham: Edward Elgar, forthcoming in 2023), Rostam J. Neuwirth, "International Adjudication and Semiotics" in Hélène Ruiz Fabri (ed.), *Max Planck Encyclopedia of International Procedural Law* (MPEiPro) (Oxford: Oxford University Press, 2021) 1-30.

233 John Dewey, "Logical Method and Law" (1924) 10(1) Cornell Law Quarterly 17-27, 27, Oren Perez, "Law in the Air: A Prologue to the World of Legal Paradoxes" in Oren Perez and Gunther Teubner (eds.), *Paradoxes and Inconsistencies in the Law* (Oxford: Hart, 2006) 3-38, H. Patrick Glenn and Lionel D. Smith (eds.), *Law and the New Logics* (Cambridge: Cambridge University Press, 2017), Valentin Jeutner, *Irresolvable Norm Conflicts in International Law: The Concept of a Legal Dilemma* (Oxford: Oxford Univer-

ron)일지라도,[234] 이러한 기계들이 퍼지 논리(fuzzy logic)와 마찬가지로 모호한 언어를 처리할 수 있다면 법 또한 그 흐름에 뒤처져서는 안 된다.[235] 이것은 특히 법 자체가 매우 역설적인 성격을 지니고 있다는 점에서 더욱 그러하며, 이 점은 벤자민 카도조(Benjamin N. Cardozo)가 탁월하게 설명한 바 있다.

> 이 끝없는 역설들은 마치 수수께끼를 푸는 듯한 도전과 추적의 유혹으로 우리를 자극한다. 법은 일반적인 과학과 마찬가지로 그 근원까지 파고들 수 있다면, 우리의 혈관과 굴곡 아래의 헤아릴 수 없는 깊이로, 즉 베일 뒤에 숨겨진 현실로 우리를 이끌 것이다.[236]

이와 비슷한 맥락에서 법의 기원조차도 본질적으로 역설적인 성격을 지니고 있는 것으로 밝혀졌다. 이러한 특성은 법을 더 깊이 이해하는 데 있어 하나의 걸림돌이자 동시에 전제 조건이 되기도 한다.[237]

---

sity Press, 2017) 151-153, and Neuwirth, *Law in the Time of Oxymora*, *supra* note 188, 230.

234 Alcibiades Malapi-Nelson, *The Nature of the Machine and the Collapse of Cybernetics: A Transhumanist Lesson for Emerging Technologies* (Cham: Palgrave Macmillan, 2017) 100.

235 Lotfi A. Zadeh, "Fuzzy Logic = Computing with Words" (1996) 4(2) IEEE Transactions on Fuzzy Systems 103-111, 110. Alcibiades Malapi-Nelson, *The Nature of the Machine and the Collapse of Cybernetics: A Transhumanist Lesson for Emerging Technologies* (Cham: Palgrave Macmillan, 2017) 100.

236 Benjamin N. Cardozo, *The Paradoxes of Legal Science* (New York: Columbia University Press, 1928) 134 [*Italics* added].

237 Yoav Kenny, "'Not Mutually Exclusive': Derrida and Agamben Read Kafka's '*Before the Law*'" in Agata Bielik-Robson and Adam Lipszyc (eds.), *Judaism in Contemporary Thought: Traces and Influence* (New York: Routledge, 2014) 116-126, 118.

제3장

잠재의식적 인공지능 시스템의 향후 규제

제 3 장 잠재의식적 인공지능 시스템의 향후 규제

앞에서는 「인공지능법」(AIA)의 "개인의 의식 범위를 초월하는 잠재의식적 자극 기법을 사용하는 AI 시스템"에 대한 금지 조항을 중심으로, 그 법적 배경과 이에 대한 몇 가지 초기 비판점들을 논의하였다. 그다음으로 이러한 잠재의식적 자극 기법을 이미 활용 중이거나 향후 적용 가능성이 있는 현재 및 미래의 인공지능 시스템들에 대해 간략히 살펴보았다. 예정된 금지 규정이 초래할 수 있는 과제들을 조명하기 위해 잠재의식적 지각이 법적 맥락에서 어떤 역할을 해왔는지에 대해 보다 넓은 시야에서 접근하였으며, 잠재의식적 광고에 대한 기존 금지 사례와 관련 판례들을 통해 구체적으로 살펴보았다. 결론적으로 잠재의식적 지각(subliminal perception)의 쟁점은 감각들이 개별적으로 그리고 통합적으로 어떻게 작용하는지를 보다 깊이 있게 검토할 필요성을 불러왔으며, 이에 관하여 공감각(synaesthesia)의 개념을 중심으로 논의했다. 이러한 논의들을 바탕으로 제안된 「인공지능법」(AIA)에 관하여 몇 가지 예비적 결론을 도출할 수 있었다. 그러나 이러한 결과는 인공지능 전반에 대한 규제와 특히 잠재의식적 자극 기법의 사용을 금지하려는 입법이 초래할 영향에 관하여 보다 초학제적으로 과학적인 논의를 할 것을 요구한다. 이제 우리는 잠재의식적 자극 기법을 사용하는 AI 시스템에 대한 금지 조항을 보다 포괄적인 틀 속에서 재검토하고 평가할 수 있는 단계에 도달하였다.

제1절 인공지능 시스템에서 잠재의식적 자극 기법 금지에 대한 재검토

중요한 첫 번째 관찰 결과로는 유럽연합이 2021년 4월에 발표한 AIA 초안과 이후 2024년 6월 13일 최종 입법된 AIA인데, 이는 관련 법적 수단들과의 긴밀한 연계를 통해 인공지능을 포괄적으로 규제한 점에서 환영받아야 할 입법적 조치이다. 이 책에서 인용된 다양한 법학적 · 비법학적 및 과학적 배경을 가진 전문가들의 의견이 공통적으로 인공지능에 대한 규제의 절대적 필요성에 동의하고 있다는 사실에서도 그 근거를 찾을 수 있다. 이러한 규제의 필요성은 입법 과정에서도 유럽 전역에서 동일하게 확인되었는데, 유럽이사회의 인공지능 특별위원회(CAHAI)가 인공지능에 대한 규제 프레임워크를 마련하고자 하는 계획을 공표함으로써 그 정당성을 확인했다. 또한 전 세계적으로는 유네스코 회원국들이 2021년 11월 22일에 채택한 「인공지능 윤리에 관한 권고안」에서 폭넓은 국제적 합의를 통해 규제 필요성을 명확히 확인했다. 이러한 권고안은 법적 구속력은 없으나 인공지능이 특히 인간의 정신에 미치는 깊은 긍정적 · 부정적 영향을 강조했으며, 비록 잠재의식적 자극 기법(subliminal techniques)에 대해 직접 언급하지는 않지만 관련된 윤리적 고려의 중요성을 부각했다.

두 번째로 도출되는 중요한 결론은 잠재의식적 자극 기법을 사용하는 AI 시스템에 대한 금지 조항(AIA 제5조)이 핵심 조항 중 하나로 기능하게 될 것이라는 점이다. 이 조항은 수십 년간 신경과학(neuroscience) 및 인공지능(AI)과 결합되어 활용되는 관련 기술 분야에서 이루어진 기술 발전을 반영하여 법체계를 갱신했다는 점에서 중요하다. 아울러 이와 관련된 다양한 과학 분야의 전문가들 역시 이러한 기술들이 인간의 의식과 행동에 대한 직접적 개입을 가능하게 하고, 다양한 형태로 심각한 해악을 초래할 수 있다는 점에 대체로 공감하고 있다. 물론 이 책은 이에 대해 깊이 있게 다루지는 않았으나, 잠재의식적 자극 기법 기반의 인공지능이 긍정적으로 활용되는 사례도 존재한다. 자기계발 프로그램이나 음악 치료와 같은 방식으로 중독, 비만, 불안, 공포증 등의 문제를 완화하려는 목적으로 잠재의식적 자극 기법이 사용되는 경우가 그 예이다.[1] 그럼에도 불구하고 이러한 긍정적 활용 사례들조차 그 효과성과 윤리성에 대한 의문이 완전히 해소된 것은 아니며, 관련 논쟁이 여전히 존재한다. 다만 최근의 일부 연구들은 치료적 맥락에서 사용되는 잠재의식적 자극이 일정 수준의 효과를 보인다는 점을 확인한 바 있다.[2] 근본적인 문제는 "기술의 역설"(technology paradox)에 있다. 이는 모든 기술은 본질적으로 선악의 속성을 가지지 않으며, 결국 그것이 어떻게 활용되는가에 따라 평가가 달라진다는 점이다. 즉 동일한 잠재의식적 자극 기법이 지능형 튜터링 시스템을 통해 학습 및 교육을 촉진하는 데 사용될 수도 있고, 반대로 다크 패턴이나 선전 기법과 결합되어 조작의 도구로 악용될 수도 있는 것이다.[3] 이처럼 특정 기술이나 자극이 유익한 결과를

---

1 Frank Ryan, *Cognitive Therapy for Addiction: Motivation and Change* (Chichester: John Wiley & Sons, 2013) 6, 53, 56 and 60, Edwin K. Yager, *Subliminal Therapy: Using the Mind to Heal* (Carmarthen: Crown House, 2011), Rania Karam et al., "Effectiveness of Subliminal Messages and Their Influence on People's Choices" (2017) 13(17) *European Scientific Journal* 262-278, 276, and Joseph F. McGuire, Adam B. Lewin, and Eric A. Storch, "Enhancing Exposure Therapy for Anxiety Disorders, Obsessive Compulsive Disorder, and Posttraumatic Stress Disorder" (2014) 14(8) *Expert Review of Neurotherapeutics* 893-910.

2 *Cf.* Timothy E. Moore, "Subliminal Self-help Auditory Tapes: An Empirical Test of Perceptual Consequences" (1995) 27(1) *Canadian Journal of Behavioural Science* 9-20, 18 and Mathias Pessiglione, "Subliminal Motivation of the Human Brain" in Stanislas Dehaene and Yves Christen (eds.), *Characterizing Consciousness: From Cognition to the Clinic* (Berlin: Springer, 2011) 175-190, 188.

3 Aaron R. Seitz and Takeo Watanabe, "Is subliminal learning really passive?" (2003) 422 *Nature* 36, 36, Pierre Chalfoun and Claude Frasson, "Subliminal Cues While Teaching: HCI Technique for Enhanced Learning" (2011) *Advances in Human-Computer Interaction* 1-15, 13; doi:10.1155/2011/968753, and Robert F. Bornstein, "Subliminal Techniques as

초래할지, 해로운 결과를 낳을지는 —파라셀수스(Paracelsus)가 수 세기 전에 제시한 "독의 역설"(poison paradox)에서 확인하듯이[4]— 극히 얇은 경계선 위에 놓여 있다. 이러한 맥락에서 볼 때 AIA에 잠재의식적 자극 기법에 대한 명시적 언급을 포함한 것은 특히 중요하다. 이는 해당 기술이 갖는 이중적 속성 —즉 유익한 활용 가능성과 해로운 오용 가능성— 을 조기에 인식하고, 각각에 대해 적절히 촉진하거나 억제할 수 있는 기반을 마련하는 데 기여하기 때문이다. 이와 같이 단지 윤리적 원칙에만 의존해서는 신기술의 유해한 발전 및 사용을 억제하기에 충분하지 않으며, 따라서 잠재의식적 기법을 조정하고 인공지능을 법적으로 규율할 필요성이 더욱 분명해진다.

AI 및 첨단 기술 환경에서 잠재의식적 자극 기법이 지니는 실질적이고 상징적인 중요성은 "잠재의식적 개입"이 자율 컴퓨팅의 대표적인 새로운 패러다임으로 간주된다는 설명에서도 잘 드러난다. 이는 자율 컴퓨팅이 내세우는 자기 인식(self-awareness) 개념과 나란히 언급될 정도로 핵심적인 위치를 차지하고 있다.[5] 결과적으로 「인공지능법」(AIA)에서 잠재의식적 지각을 명시적으로 규정한 것은 사고의 자유와 개인의 정신적 프라이버시라는 핵심 인권을 보호하고, 외부의 조작이나 해로운 개입으로부터 개인의 내면을 방어할 수 있는 규범적 기반을 마련했다는 점에서 매우 중요한 진전이라 할 수 있다. 이러한 현실적 위협은 다음의 인용문에서 간결하면서도 명확하게 요약된다.

Propaganda Tools: Review and Critique" (1989) 10(3) *The Journal of Mind and Behavior* 231-262, 257.

4 John A. Timbrell, *The Poison Paradox: Chemicals as Friends and Foes* (Oxford: Oxford University Press, 2005) 2 and 250.

5 Mireille Hildebrandt, "Introduction: A Multifocal View of Human Agency in the Era of Autonomic Computing" in Mireille Hildebrandt and Antoinette Rouvroy (eds.), *Law, Human Agency and Autonomic Computing: The Philosophy of Law Meets the Philosophy of Technology* (Abingdon, Oxon: Routledge, 2011) 1-11, 5.

해당 기술은 잠재의식적 커뮤니케이션 기술의 실효성에 대한 논란에도 불구하고, 개인의 자율성과 정신적 프라이버시라는 기본권에 중대한 위협을 가하고 있다. 이러한 권리는 사회적으로 오랜 시간 부여되어 온 존엄성과 불가침성을 고려할 때, 잠재의식적 기술의 사용으로 인해 얻어질 수 있는 사회적 이익이 그 침해를 상쇄하거나 정당화할 수 있다고 보기는 어렵다. 따라서 잠재의식적 커뮤니케이션 기술이 초래할 수 있는 침해로부터 관련 이익을 보호하기 위한 법적 보호 장치는 반드시 마련될 필요가 있다.[6]

20세기 초에는 시각적인 잠재의식적 자극(visual subliminal stimuli)이 인간의 행동에 효과가 있는지에 대해 의문이 제기되기도 했다. 최근 과학적인 연구를 통해 이러한 자극의 효과와 영향이 반복적으로 입증되었고, 다만 성격이나 상황과 같은 추가적인 요인에 따라 그 효과가 일부 제한될 수 있음이 확인되었다. 이러한 자극이 미치는 영향의 강도는 노출 시간의 길수록 강해지는 경향이 있으며, 특히 잠재의식적 메시지(subliminal messages)가 장기적으로 의식적이고 합리적인 의사결정에 영향을 미친다는 전례 없는 증거도 확인되었다.[7] 마케팅 분야의 여러 연구 결과에 따르면, 잠재의식적 및 초의식적 모두에서 더 많은 감각이 활용될수록 그 영향력이 더욱 커질 가능성이 있는 것으로 보인다. 이는 아래에서 언급된 것처럼 개인의 전체적인 감각 체계의 상태가 중요한 요소임을 의미한다.

정리하자면 이들 연구는 감각 지각이 단순히 자극의 특성에만 좌우되는 것이 아니라, 감각 체계가 어떤 상태에 있는지도 중요한 영향을 미친다는 점을 보여준다. 자극이 의식적으로 지각되는지, 그리고 어떻게 지각되는지는 단순히 자극 강도가 탐지 임계점을 초과하는지 여부만으로 결정되지 않는다. 배경 리듬의 진폭과 위상,

---

6 Olivia Goodkin and Maureen Ann Phillips, "The Subconscious Taken Captive: A Social, Ethical, and Legal Analysis of Subliminal Communication Technology" (1981) 54(5) *Southern California Law Review* 1077-1140, 1140.

7 Simon Ruch, Marc Alain Züst, and Katharina Henke, "Subliminal messages exert long-term effects on decision-making" (2016) 2016(1) *Neuroscience of Consciousness* 1-9, 1.

그리고 경계심, 주의력, 기대감과 같은 행동적 · 인지적 요인들도 중요한 역할을 한다. 감각 자극의 지각은 감각 체계의 상태에도 영향을 받을 뿐만 아니라, 지각 과정 자체가 감각 체계를 지속적으로 변화시켜 이후 들어오는 자극의 처리 방식에도 영향을 미친다. 흥미롭게도 자극이 잠재의식적인 수준으로 주어져 인지되지 않은 경우에도 뇌는 여전히 그 자극에 반응하며, 이는 잠재의식적인 자극(subliminal stimuli) 역시 행동과 인지 처리 과정에 의미 있는 영향을 미칠 수 있음을 보여준다.[8]

이러한 발견은 기술이 인간 신체의 확장이라는 비유, 그리고 인공지능이 인간의 정신처럼 기능한다는 비유를 다시금 떠올리게 한다. 감각 자극이 감각 체계의 상태를 끊임없이 변화시키듯, "인공지능"(AI)이라는 이름으로 불리는 현재와 미래의 모든 새로운 기술들 역시 인간의 의사결정과 삶 전반에 점차 깊숙이 영향을 미치게 될 것이다. 또한 기술의 융합은 잠재의식적 자극(subliminal stimuli)과 초의식적 자극(supraliminal stimuli)이 우리의 의식과 무의식에 미치는 역할을 근본적으로 변화시킬 것이다. 결국 다양한 경로를 통해 전달되는 자극의 양, 강도, 빈도, 그리고 질은 우리의 인지와 행동에 결정적인 변화를 가져오는 요인이며, 잠재의식적 자극 기법의 효과 또한 앞으로 한층 더 강력해지고 정교해질 것으로 예상된다.

여러 감각이 동시에 관여할 때 자극의 영향력이 더욱 강해진다는 가설은, 이미 "딥페이크"(deep fakes) 현상을 통해 그 타당성이 확인된 바 있다. 딥페이크 영상은 시각과 청각 정보를 결합해 인물의 얼굴이나 신체를 디지털로 조작하며, 단순한 텍스트 기반의 "가짜 뉴스"보다 훨씬 더 큰 영향을 미치는 것으로 밝혀졌다. 이러한 영향력은 특히 소셜 미디어 중심의 현대 정보 환경이 인간의 인지적 편향과 맞물리면서 더욱 심각해질 것으로 예상된다.[9] 두 가지 이상의 감각이 잠재의식적 자극(subliminal stimuli)에 장시간,

---

8 Burkhard Pleger and Arno Villringer, "The human somatosensory system: From perception to decision making" (2013) 103 *Progress in Neurobiology* 76-97, 81 [*Italics* added].

9 Bobby Chesney and Danielle Citron, "Deep Fakes: A Looming Challenge for Privacy,

깊이 있게, 그리고 다양한 방식으로 노출될수록 그 경험은 더욱 선명하게 기억에 남으며, 자극의 전반적인 효과를 한층 강화한다. 딥페이크 문제에 대한 대응 방식만 보더라도, 현재의 법적 · 정책적 구조는 이러한 심각한 피해에 충분히 효과적으로 대응할 수 있도록 설계되어 있지 않다는 사실이 확인된다.[10] 작은 범위의 논의를 더 큰 범위로 확장해 보면, 지금의 법률은 현재는 물론이고 미래의 잠재의식적 자극 기법에 대응하기에는 명백히 불충분하다는 것을 의미한다. 결국 윤리적인 우려는 이미 오래전부터 제기되어 왔지만, 잠재의식적 정보가 사용자에게 어떤 영향을 미치는지에 대한 이해 부족으로 인해 규제를 마련하는 조치는 미루어져 왔다. 이제 이러한 우려는 연구에 있어서는 물론이고 법적 대응에 있어서도 "통합된 접근 방식과 개념적 프레임워크의 필요성"을 강하게 시사하고 있다.[11]

결국 현재와 미래 기술에 대한 다양한 과학적 연구들과 뇌의 신비로운 작동 원리에 대한 통찰은, 잠재의식적 자극이 인간에게 미치는 역할에 대해 더 많은 관심과 주의가 필요하다는 결론으로 이어진다. 금지 조항을 포함하는 것 자체는 문제되지 않지만, "개인의 의식을 넘어서는 (유해한) 잠재의식적 자극 기법을 활용하는 AI 시스템"이라는 문구에 대해서는 과학적 · 법적 측면에서 더 명확한 설명이 필요할 수 있다. 또한 과학적 논의에 있어서는 잠재의식적 자극과 초의식적 자극, 또는 의식적 지각과 무의식적 지각을 어떻게 구분할 수 있는지를 두고 관련 분야의 다양한 전문가들과 지속적으로 협의하는 것이 중요하다. 이와 더불어 "초월경계적"(transliminal) 또는 "준의식(경계)적"(paraliminal) 지각이라는 관련 개념들이 현재 지각에 대한 과학적 지식 체계 안에서 어떻게 통합되어 해석될 수 있는지를 이해하는

Democracy, and National Security" (2019) 107 *California Law Review* 1753-1820, 1819.

10 *Ibid*.

11 Mary L. Still and Jeremiah D. Still, "Subliminal Techniques: Considerations and Recommendations for Analyzing Feasibility" (2018) 34(5) *International Journal of Human-Computer Interaction* 457-466, 464-465.

것도 중요하다. 아울러 서로 다른 감각들의 임계점을 각각 그리고 전체적으로 명확히 규명하는 것이 중요하다. 이러한 문제는 특정 기법이 "잠재의식적"(subliminal) 특성으로 인해 불법인지 여부를 판단하는 데 있어 중요한 쟁점이 될 수 있다. 궁극적으로는 용어 사용에 대한 보다 광범위한 합의가 필요하며, 혼동을 초래하는 모호한 표현은 지양되어야 한다.

다른 한편으로 "특정 자극에 대한 임계점은 개인의 상태에 따라 달라질 수 있을 뿐만 아니라, 사람마다도 서로 다르게 나타난다"는 점이 확인되었다.[12] 실질적으로 이러한 변동성을 다루기 위해서는 각 개인에 대해 고유한 임계점을 설정하는 것이 조항의 위반 여부를 공정하게 판단할 수 있는 유일한 방법일 것이다. 또한 이는 과속 위반을 운전자의 개별 운전 능력에 따라 판단하는 것이 비현실적인 것과 마찬가지로, 현실적으로 적용하기 어려운 접근 방식이다. 따라서 이러한 기초적인 과학적 질문들에 대한 답변은 제안된 금지 조항의 구체적인 표현을 마련하는 데에도 중요한 역할을 할 것이다.

더 나아가 잠재의식적 광고(subliminal advertising)에 대한 과거의 규제 경험은 현재의 논의에 시사하는 바가 크며, 그로부터 중요한 교훈을 얻을 수 있다. 첫째, 시각과 청각을 넘어 후각, 미각, 촉각 자극까지 모방하고 전달하는 다양한 전자 장치를 활용한 감각 관련 기술의 혁신은 전 세계 광고 규제 체계의 재정비를 필요로 한다. 다시 말해, 기존처럼 정보의 "시청각적 요소"에만 초점을 맞추는 접근은 이제 광고 분야에서도 한계에 이르렀다. 더 많은 감각이 동원될수록 이를 다루기 위한 개념적 접근 역시 더욱 폭넓어져야 한다. 하지만 두 번째로 중요한 점은 앞으로 AI와 관련된 규제가 마련될 경우, 집행 과정에 보다 철저한 관심과 노력이 필요하다는 것이다. 현재 유

---

12 Pamela K. Smith and Kathleen McCulloch, "Subliminal Perception" in V.S. Ramachandran (ed.), *Encyclopedia of Human Behavior*, vol. 1, 2nd ed. (London: Academic Press, 2012) 551-557, 551 [*Italics* added].

럽에는 다양한 지역 및 국가 기관들은 그 역할이 중복되어 있음에도 불구하고 잠재의식적 메시지(subliminal messages)에 대한 감시나 위반에 대한 제재에 효과적으로 대응하지 못하고 있다. 따라서 초국가적 기관과 국가 기관 간, 혹은 글로벌과 지역 수준 간의 효과적인 협력을 가능하게 하는 중앙집중적이면서도 동시에 분산적인 특성을 갖춘 규제 시스템을 마련할 필요가 있다. 이처럼 "글로벌"(global)과 "로컬"(local)을 아우르는 감시 체계가 필요한 이유는 많은 관련 기술들이 전 세계적으로 활용되는 동시에, 감각과 지각에 대한 인식은 각 지역의 언어적 · 문화적 배경에 따라 달라지기 때문이다.[13] 이러한 문화적 차이는 잠재의식적 방식으로도 드러난다.[14] 앞으로의 집행 시스템은 충분한 전문성과 독립성 그리고 효율성을 갖추는 동시에, 1차 판단에 대한 검토 절차를 포함할 수 있어야 한다.[15] 또한 잠재의식적 메시지(subliminal messages)를 포함한 콘텐츠와 잠재의식적 자극 기법(subliminal techniques)을 활용하는 AI 시스템은 매우 빠르게 발전하고 있기 때문에, 이를 감시하고 평가하는 데 있어 일관성을 유지하면서도 상황에 따라 유연하게 대응할 수 있는 체계가 필요하다. 이러한 기관에는 잠재의식적 콘텐츠(subliminal content)를 활용하는 AI 시스템을 감지할 수 있도록 필수적인 장비를 구비하고 있어야 한다. 잠재의식적 AI 시스템(subliminal AI systems)을 감지하는데 이러한 기술을 활용하는 것은 시민을 통제하는 것과 보호하는 것 사이에서 감시 기술이 초래한 현재의 불균형을 바로잡는 데 분명히 도움이 될 것이다.

---

13 Kathryn Linn Geurts, *Culture and the Senses: Bodily Ways of Knowing in an African Community* (Berkeley, CA: University of California Press, 2002) 3.

14 Wataru Sato et al., "Cultural Moderation of Unconscious Hedonic Responses to Food" (2019) 11 *Nutrients* 1-9, 7.

15 Björnstjern Baade, "Fake News and International Law" (2019) 29 *The European Journal of International Law* 1357-1376 and Kate Klonick, "The Facebook Oversight Board: Creating an Independent Institution to Adjudicate Online Free Expression" (2020) 129(8) *Yale Law Journal* 2418-2499.

잠재의식적 자극 기법(subliminal techniques)을 금지하려는 관점에서 보면, 인공지능의 정의를 인공지능 시스템 또는 범용 인공지능 등으로 세분화한 현재의 법조항은 비판적인 시각에서 검토될 필요가 있다.[16] 기술 간의 융합 추세와 빠른 변화 속도를 감안할 때 협소한 규제보다는 더 폭넓고 포용적인 규제 체계가 우선적으로 적용되어야 하기 때문이다. 이러한 원칙은 인공지능 전반에 대한 규제뿐만 아니라, 여러 유해한 잠재의식적 자극 기법(subliminal techniques)들을 금지하는 문제에도 동일하게 적용된다. 유해한 잠재의식적 자극 기법의 금지와 관련해서는, 잠재의식적으로(subliminally) 작동하는 조작과 초의식적으로(supraliminally) 작동하는 조작 사이의 경계를 명확히 할 필요가 있다. 이것은 인간의 지각과 인지가 매우 복잡하다는 것, 즉 이 두 요소가 함께 의사결정과 행동 변화에 영향을 미친다는 점을 고려할 때 특히 중요한 과제다. 그러므로 "잠재의식적"(subliminal)이라는 개념을 "개인의 의식을 넘는"이라는 표현과 결합하는 것은 오히려 혼란을 초래하고 개념적으로도 모순될 수 있으므로 이러한 표현들을 함께 사용하는 것은 피하는 편이 바람직할 수 있다. 과학계의 반응에 따르면 "잠재의식적"(subliminal)"이라는 용어를 "초월경계적"(transliminal)으로 대체하여, 무의식적(unconscious)인 수준과 의식적인(conscious) 수준 또는 이 둘이 동시에 작용하는 조작 방식까지 모두 포함할 수 있다.

개인에게 발생할 수 있는 "신체적 또는 심리적 피해"라는 표현의 범위와 용어 선택에 있어서도 이와 유사한 결론에 도달할 수 있다. 이 경우에도 WHO가 1946년부터 사용해 온 건강의 정의에 부합하도록, 보다 전체적이고 포괄적이며 일반적인 문구를 선택하는 것이 바람직하다. 이 표현은 단순히 "피해"라는 용어로 간결하게 정리될 수 있는데, 이후 법원이나 판사가

---

16 Nicolas Kayser-Bril, "European Council and Commission in agreement to narrow the scope of the AI Act", *Algorithm Watch* (23 November 2021); https://algorithmwatch.org/en/eu-narrow-scope-of-ai-act/.

앞서 제안한 바와 같이 신체적 · 심리적 피해를 넘어서 감정적, 문화적, 집단적, 사회적, 인지적 피해와 같이 다양한 형태를 포함하여 해석하도록 할 수 있다.[17] 이러한 축소적 접근은 잠재의식적 또는 누적적 불법행위를 인정하는 방향으로 불법행위법의 개정을 요구할 뿐만 아니라, AI 시스템이 초래하는 피해를 효과적으로 다룰 수 있는 미래의 민사책임 체계 마련과도 부합하므로 더욱 바람직한 방식이라 할 수 있다. 다만, 이를 실현하려면 "피해"라는 개념의 범위를 다시 검토할 필요가 있다. AIA 초안에 대한 논평에서는 인간의 자율성을 보호하고 AI 기반 기술이 개인의 가치 판단뿐만 아니라 정치적 결정의 결과에까지 영향을 미칠 수 있는 위험을 방지하기 위해, 잠재의식적 자극 기법(subliminal techniques)에 관한 규정의 적용 범위를 확대할 필요가 있다고 지적한 바 있다.[18] 그리고 조항의 범위를 더욱 넓히는 한편, 특히 AIA 제5조 제1항(a)에도 포함된(역자 부가 설명) '피해가 발생해야 한다'는 요건 자체를 삭제토록 제안했다.[19] 제시된 이유는 다음과 같다:

> 이러한 정의는 잠재의식적 조작(subliminal manipulation)이 탐지 자체가 어려울 뿐 아니라 피해자가 그 잠재의식적 조작과 자신이 입은 피해 사이의 인과관계를 입증하기 힘들다는 점에서, 많은 조작적 AI 시스템을 면책할 수 있는 위험이 있다. 즉 지나치게 높은 기준은 잠재의식적 자극 기법(subliminal techniques)에 대한 중요한 금지 조항을 실질적인 효력이 없는 상징적인 조치로 전락시킬 우려가 있다.[20]

---

17 Nathalie Smuha et al., "How the EU Can Achieve Legally Trustworthy AI: A Response to the European Commission's Proposal for an Artificial Intelligence Act." (2021), 21; https://papers.ssrn.com/sol3/papers.cfm?abstract_id=3899991, 21 and Mateja Durovic and Jonathon Watson, "Nothing to Be Happy about: Consumer Emotions and AI" (2021) 4(4) *J* 784-793, 792.

18 Future of Life Institute (FLI), *FLI Position Paper on the EU AI Act* (August 2021) 6; https://futureoflife.org/wp-content/uploads/2021/08/FLI-Position-Paper-on-the-EU-AI-Act.pdf?x72900.

19 *Ibid.*, 7.

20 *Ibid.*

결국 남는 쟁점은 "피해"를 어떻게 규정하는 것이 가장 적절한지, 그리고 그 정의가 중대한 집단적 피해까지 포함할 수 있도록 어떻게 보장할 것인지에 대한 문제다. 예를 들어 조작된 선거를 생각해 보자. 어떤 유권자는 소셜미디어 계정을 보유하고 있지 않아서 개인화된 조작 기법에 의해 잠재의식적 영향을 받지 않았을 수 있다. 하지만 이러한 유권자도 다수의 유권자가 소셜 미디어를 통해 조작됨으로써 선거 결과가 왜곡될 경우, 결국 조작된 결과로 인해 부정선거의 피해를 입게 될 수 있다. 개인 대 집단의 책임, 그리고 개인적 피해와 집단적 피해 간의 문제는, 팬데믹 상황에서의 (의무적인) 백신 접종을 둘러싼 논의에서도 이미 드러난 바 있다.[21]

그러므로 "피해 요건"의 정의에 대해 추가적인 검토가 필요하며, 현재 "그 사람 또는 다른 사람"에게 국한된 피해 범위 또한 보다 광범위한 집단이나 사회 전체에 가해질 수 있는 피해를 포함할 수 있도록 확장해야 한다. 아울러 "누적되는 피해"의 영향을 고려할 수 있도록 인과관계에 대한 보다 심층적인 논의도 함께 진행해야 한다. 이러한 제안들은 기존의 조작적 시스템뿐만 아니라 앞으로 등장할 다양한 형태의 조작 시스템까지 금지 범위에 포함시키는 데에 확실히 도움이 될 것이며, 동시에 "조작하는 자"와 "조작당하는 자" 사이의 권력 불균형을 완화하고 더 대칭적인 관계를 구축하는 데 기여할 수 있다.[22]

전체적으로 볼 때 AI를 의료, 교통 등 개별 산업 분야로 나누지 않고 전반적인 차원에서 접근하려는 현재의 방식은, 기술과 산업 환경이 빠르게 변화하고 융합되고 있는 상황에서 특히 바람직하고 환영할 만한 접근이다. 이 지점에서 우리는 핵심 문화 산업을 중심으로 경제 전반으로 확장되는 과

---

21 Emma Cave, "Voluntary Vaccination: The Pandemic Effect" (2017) 37(2) *Legal Studies* 279-304, 282.

22 Bruce Schneier, *Data and Goliath: The Hidden Battles to to Collect Your Data and Control Your World* (New York: W.W Norton, 2015) 7.

정을 설명하는 "동심원 모델"에서 드러나듯이, 과거 문화 산업의 발전 과정으로부터 중요한 시사점을 얻을 수 있다.[23] 이러한 경향은 "문화산업"(cultural industries)에서 "창조산업"(creative industries)으로의 역동적인 용어 변화에서도 뚜렷하게 드러난다.[24] 어떤 산업이든 과학적 · 기술적 혁신이 수반되는 경우 본질적으로 창의적인 활동이라는 인식이 이어졌고, 문화산업에서 창조산업으로의 전환은 결국 "모든 산업은 잠재적으로 '창조산업'이 될 수 있다"는 결론에 이르렀다.[25] 이러한 흐름은 창의성 중심의 산업 모델을 넘어 보다 넓은 개념인 '창조경제'와 '경험경제'라는 새로운 패러다임의 등장을 가져왔다.[26] 산업 간의 경계가 허물어지고 다양한 분야를 아우르는 제품들이 등장하면서 이러한 흐름은 AI가 주목받기 훨씬 전부터 규제 측면에서 상당한 도전 과제로 여겨져 왔고, 그 핵심은 다음과 같다:

> 정보통신기술(ICT)과 같은 첨단산업 간의 경계뿐만 아니라, 인간의 감각과 정서에 중점을 둔 하이터치 산업과 하이테크 산업 간의 경계 역시 점점 사라지고 있다. 기능성 식품 산업(nutriceutics), 교육과 오락이 결합된 에듀테인먼트(edutainment), 화장품과 의약품의 융합인 코스메슈틱스(cosmeceutics), 그리고 유전자 진단 기술 등은 이러한 융합 시장의 대표적인 예다.[27]

---

23 David Throsby, "The Concentric Circles Model of the Cultural Industries" (2008) 17(3) *Cultural Trends* 147-164, 149.

24 Nicholas Garnham, "From Cultural to Creative Industries" (2005) 11(1) *International Journal of Cultural Policy* 15-29, 20.

25 Susan Galloway and Stewart Dunlop, "A Critique of Definitions of the Cultural and Creative industries in Public Policy" (2007) 13(1) *International Journal of Cultural Policy* 17-31, 19.

26 Rostam J. Neuwirth, "Global Market Integration and the Creative Economy: The Paradox of Industry Convergence and Regulatory Divergence" (2015) 18(1) *Journal of International Economic Law* 21-50, 29.

27 Fabio Ancarani and Michele Costabile, "Coopetition Dynamics in Convergent Industries: Designing Scope Connections to Combine Het- erogeneous Resources" in Saïd Yami et al. (eds.), *Coopetition: Winning Strategies for the 21st Century* (Cheltenham: Edward Elgar, 2010) 216-237, 216.

결론적으로, 창조경제와 경험경제라는 개념은 앞으로의 경제에서 창의성, 감성, 지각 등과 같은 인지적 요소들이 중심적인 역할을 하게 될 것임을 보여준다. 또한 이는 산업, 기술, 제품 간 경계가 점점 허물어지는 융합의 흐름을 보여주는 것으로, 이러한 변화는 서로 다른 법률 및 법 분야 사이의 보다 높은 일관성과 무엇보다 더 나은 조율의 필요성을 더욱 강조한다. 이러한 접근은 AI가 법체계 전반에 가져올 것으로 예상되는 영향에 대한 다음의 관찰 내용을 통해 그 타당성이 뒷받침된다:

> 물론 각 신기술이 개별적으로 미치는 법적 영향을 고려하는 것도 중요하지만, 특히 AI 기반 신 기술들이 서로 얽혀 있으며 최소한 겉으로 보기에는 이해할 수 없을 정도로 복잡하게 상호작용할 때 발생할 수 있는 위험성에 대해 더 많은 주의가 필요하다는 것이 우리의 입장이다.[28]

이러한 접근의 필요성은 특정 미디어 산업 내에서뿐만 아니라 이종 미디어 간에도 심화되고 있는 소유 구조의 집중 현상과, 이에 따른 다양한 위험 사례들을 통해서도 명확히 입증된다.[29] 이러한 흐름은 국가 차원뿐만 아니라 글로벌 차원에서도 꾸준히 보고되고 있고,[30] 해당 추세는 인쇄 매체, TV 방송, 영화 제작, 도서 출판 등 여러 산업 분야 전반에서도 확인된다. 미디어 산업의 타임워너(Time Warner), 월트디즈니(Walt Disney), 뉴스코퍼레이션(News Corporation), 바이아컴(Viacom), 베텔스만(Bertelsmann)이나 빅테크

---

28 Iria Giuffrida; Fredric Lederer, and Nicolas Vermeys, "A Legal Perspective on the Trials and Tribulations of AI: How Artificial Intelligence, the Internet of Things, Smart Contracts, and Other Technologies Will Affect the Law" (2018) 68(3) *Case Western Reserve Law Review* 747-782, 780.

29 Justin R. Schlosberg, *Media Ownership and Agenda Control: The Hidden Limits of the Information Age* (New York: Routledge, 2017) 8.

30 Mimo Draskovic, "Concentration of Media Ownership as a Global Phenomenon" (2011) 7(2) *Montenegrin Journal of Economics* 145-152, 145.

기업인 구글, 아마존, 애플, 페이스북, 마이크로소프트의 사례에서 보듯이, 가까운 미래에는 AI의 지원 아래 거의 모든 산업 분야에서 "빅5" 혹은 그보다 적은 수의 거대 기업만이 시장을 지배하게 될 가능성이 크다.[31] 금융 시장에서 주요 기관 투자자들이 점점 더 영향력을 확대해 나가는 현상은 전 산업에 걸쳐 나타날 미래의 흐름을 암시하며, 서로 경쟁관계에 있는 기업들에 대한 집단적 지분 보유로 인해 소규모 지분이라도 상당한 반경쟁적 영향을 미칠 수 있다는 역설적인 상황을 초래한다.[32] 공동소유로 인한 이 문제는 최근 들어 새롭게 부각된 경쟁 이슈로, "그 중요성은 상당하지만 오랫동안 경쟁 당국에 의해 간과되어 왔다"는 평가를 받고 있다.[33] 공동소유로 인한 반경쟁적 효과는 단지 소유 구조의 문제를 넘어서 더 넓은 차원의 영향을 미친다. 실제로 전통적 미디어 산업에서는 교차 소유로 인해 제품의 수는 많아졌지만, 콘텐츠의 다양성은 줄어드는 역설적인 결과가 나타났다.[34] "빅테크"의 영향력에 힘입어 뉴미디어는 기존의 역설적 현상들뿐만 아니라 새로운 형태의 모순까지도 더욱 심화시킬 가능성이 크다. 특히 융합의 흐름이 전통 미디어에서 뉴미디어, 나아가 다른 산업 영역으로까지 확산된다면 이러한 경향은 더욱 두드러질 것이다.[35]

디지털 융합의 흐름 속에서 과거에는 여러 사례를 통해 명확히 구분되던

---

31 Jason Whittaker, *Tech Giants, Artificial Intelligence, and the Future of Journalism* (New York: Routledge, 2019) 4, Royston Greenwood and Roy Suddaby, "Institutional Entrepreneurship in Mature Fields: The Big Five Accounting Firms" (2006) 49(1) *The Academy of Management Journal* 27-48, 30.

32 Jennifer G. Hill, "The Conundrum of Common Ownership" (2020) 53(3) *Vanderbilt Journal of Transnational Law* 881-906, 881.

33 Ulrich Schwalbe, "Common Ownership and Competition – The Current State of the Debate" (2018) 9(9) *Journal of European Competition Law & Practice* 596-603, 603.

34 Harvey B. Feigenbaum, "The paradox of television privatization: When more is less" (2009) 27(3) *Policy and Society* 229-237, 229 and Kari Karppinen (ed.), *Rethinking Media Pluralism* (New York: Fordham University Press, 2012) 103-123.

35 Ronald E. Rice, "Artifacts and Paradoxes in New Media" (1999) 1(1) *New Media & Society* 24-32, 27-31.

대중매체, 통신, 컴퓨터 산업 간의 경계가 이미 무너졌다는 점이 입증되고 있다. 예컨대, 운영체제 개발 회사가 전화 통신 서비스를 제공하고, 통신 기업이 영상 콘텐츠를 유통하며, TV 제조사가 음악과 게임 분야에 진출하는 등의 변화가 이를 잘 보여준다.[36] 기술의 융합은 미디어 콘텐츠에 대한 통제를 더욱 소수에게 집중시키는 결과를 낳았으며, 이로 인해 중개자 역할을 하는 플랫폼들과 기존의 뉴스 매체들 모두가 의제 설정 과정과 정보 유통의 관문 역할에서 점점 더 큰 영향력을 행사하게 되었다.[37] 이처럼 강화된 영향력은 다양한 뉴미디어 채널을 통해 더욱 정교한 정신적 통제가 가능해질 여지를 만들며, 이는 각 매체가 시각이나 청각 등 서로 다른 감각에 호소함으로써 그 효과를 극대화한다. 예컨대, 인쇄물과 텔레비전은 시각 정보를 중심으로, 라디오는 청각 정보를 통해 이용자에게 접근한다.

그러므로 과거의 규제 경험에서 배우는 것은 매우 중요하다. 전통적이지만 집중화된 미디어 매체들이 다양한 개인화된 AI 기술 및 시스템과 결합하면, 미디어 융합의 흐름은 단기간에 새로운 산업뿐만 아니라 사회 전반으로 확산될 것으로 기대된다. 이는 "의제 통제"를 통해 이제까지 경험하지 못한 수준의 "정신적 통제"를 현실화할 수 있는 길을 열어줄 것이다.[38] 이와 같은 추세는 향후 거의 모든 기술들이 잠재의식적 자극 기법(subliminal techniques)을 보다 적극적으로 활용하게 될 가능성을 시사하며, 이것은 인공지능 시스템의 정의를 더 포괄적으로 설정해야 할 또 하나의 중요한 이유가 된다. 이와 같은 맥락에서 컴퓨터와 디지털화와 같은 핵심 기술들이 점차 경제의 다른 모든 산업 및 기술 분야는 물론 인간 삶의 전 영역에 걸쳐 깊은 영향을 미치게 될 것이라는 점도 충분히 예견할 수 있다. 이러한 주장은 창

---

36 Eli M. Noam, *Who Owns the World's Media? Media Concentration and Ownership around the World* (Oxford: Oxford University Press, 2016) 4.

37 Schlosberg, *supra* note 29, 153.

38 Gavin Ellis, *Trust Ownership and the Future of News: Media Moguls and White Knights* (New York: Palgrave Macmillan, 2014) 18.

조산업과 마찬가지로 AI 시스템 역시 여러 분야에 걸쳐 영향을 미치는 다차원적 특성을 가지고 있기 때문에, 이를 효과적으로 다루기 위해서는 혁신적인 접근과 더불어 분야 간 협력, 부처 간 조율이 필수적이라는 점에서 정당성을 갖는다.[39]

이와 유사하게 AI 시스템은 국제적인 차원에서 다양한 기관 간의 긴밀한 협력과 제도 간의 조화로운 조율이 더욱 절실히 요구된다.[40] 결국 보다 넓고 포용적인 접근은 법과 정책이 시대에 뒤처지는 것을 극복하고 보다 '미래 친화적'인 형태로 만드는 데 도움이 될 것이다.[41]

그러나 법과 정책을 "미래 친화적"으로 만든다는 것은 단순한 기술 대응을 넘어 오늘날 우리가 마주한 시대적 역설 또는 산업과 제품은 점점 융합되어 가는 반면 법과 규제는 더욱 분화되고 복잡해지는 상황과 같은 근본적인 모순들을 해결할 수 있는 역량을 갖추는 것을 의미한다.[42] 이는 법이 어떻게 구성되고 제정되며 집행되는지를 뒷받침하는 기본적인 토대들, 특히 인간의 인지에 기반한 요소들을 다시 생각해 보아야 함을 뜻한다. 왜냐하면 AI 시스템은 "창조적 파괴"를 통해 변화해 온 창조산업의 경향을 이어받아, 법적 · 사회적 구조에도 유사한 영향을 미칠 가능성이 크기 때문이다.[43]

---

39 United Nations Conference on Trade and Development (UNCTAD), *World Creative Economy Report 2010* (Geneva: UNCTAD, 2010) 10 and 28.

40 Christian Tietje, "Global Governance and Inter-Agency Cooperation in International Economic Law" (2002) 36(2) *Journal of World Trade* 501-515 and Margaret A. Young (ed.), *Regime Interaction in Internarional Law: Facing Fragmentation* (Cambridge: Cambridge University Press, 2012).

41 Anupam Chander, "Future-Proofing Law" (2017) 51(1) *U.C. Davis Law Review* 1-25 and Sofia Ranchordás and Mattis van't Schip, "Future- Proofing Legislation for the Digital Age" in Sofia Ranchordás and Yaniv Roznai (eds.), *Time, Law, and Change: An Interdisciplinary Study* (Oxford: Hart Publishing, 2020) 347-365.

42 Neuwirth, "Global Market Integration and the Creative Economy", *supra* note 26, 29 and David Held, *Cosmopolitanism: Ideals and Realities* (Cambridge: Polity Press, 2010) 143.

43 Joseph A. Schumpeter, *Capitalism, Socialism and Democracy*, 2nd ed. (New York: Harper, 1947) 81-86.

— 이것은 AI 시스템이 전체 산업을 급격히 변화시키고, 오랜 시간 유지되어 온 핵심 법 개념들의 전통적인 의미는 물론, 법적 사고의 지배적 방식마저도 점차 무너뜨릴 수 있기 때문이다. 마지막으로 "하나를 명시한다는 것은 다른 것을 배제하는 것이다"(expressio unius est exclusio alterius)라는 원칙은 이 논의의 핵심을 잘 보여주며, 이러한 원칙의 해석 역시 변화하는 법적 논리를 고려하여 신중하게 살펴볼 필요가 있다.[44] 문화산업은 제품이 문화적 가치와 상업적 가치를 동시에 지니고 있다는 이중적 특성 때문에, 국제무역과 문화라는 서로 단절된 법 영역에서 이를 어떻게 다루어야 할지에 대한 복잡한 문제가 발생되어 왔다. AI 시스템의 특성은 이러한 변화를 전례없는 수준으로 확대시킬 것이며, 인간과 기계의 경계, 사고가 사적인지 공적인지에 대한 구분 등 기존의 다양한 이분법적 사고에 대해 그 기초부터 다시 재검토해야 할 시점에 이를 것이다. "사이보그"(cybernetic organism)라는 표현 자체가 모순어법이라는 사실은 "과거에는 과학의 언어가 살아 있는 시체'와 같은 개념적 모순을 용인할 필요가 없었던 시절이 있었음을 일깨워준다.[45] 오늘날 AI는 단순한 기술 발전을 넘어 여러 분야에 지대한 영향을 미치는 게임 체인저(game changer)로 자리매김했고, 그 파급 효과는 훨씬 더 광범위할 것으로 예상된다. 이러한 변화는 법 분야에서도 새로운 사고방식을 요구하며, 각 거버넌스 수준에서 작동하는 다양한 법 체계들을 더 깊이 있게 분석하고 조화롭게 연구하는 노력이 필요할 것이다.

---

44 Alexandre Senegacnik, "Expressio Unius (Est) Exclusio Alterius" in Hélène Ruiz Fabri (ed.), *Max Planck Encyclopedia of International Procedural Law* (Oxford: Oxford University Press, 2018) and H. Patrick Glenn, "Choice of Logic and Choice of Law" in H. Patrick Glenn and Lionel D. Smith (eds.), *Law and the New Logics* (Cambridge: Cambridge University Press, 2017) 162-167, 162.

45 Eric S. Rabkin, "Undecidability and Oxymoronism" in George E. Slusser and Tom A. Shippey (eds.), *Fiction 2000: Cyberpunk and the Future of Narrative* (Athens, GA: University of Georgia Press, 1992) 262-278, 265 and Timo Siivonen, "Cyborgs and Generic Oxymorons: The Body and Technology in William Gibson's Cyberspace Trilogy" (1996) 23(2) *Science Fiction Studies* 227-244, 227.

EU 내부에서는 「인공지능법」(AIA), 「일반 개인정보보호 규정」(GDPR), 「디지털 시장법」(DMA),[46] 「디지털 서비스법」(DSA),[47] 「민사책임 체계 및 제조물책임 지침」(PLD)[48] 그리고 「부당 상업 관행 지침」(Unfair Commercial Practices Directive),[49] 「전자상거래 지침」(E-Commerce Directive),[50] 「시청각 미디어 서비스 지침」(Audiovisual Media Services Directive, AVMSD)[51] 그리고 현재 계획 중인 가상 및 증강현실 규제 간의 본질적인 연관성과 상호작용에 대한 인식이 점차 확산되고 있다. 특히 가상 및 증강현실 규제는 "산업 분야, 시장 참여자, 응용 영역 전반에 걸친 단편화" 문제를 겪고 있는 것으로 평가된다.[52] 잠재의식적 방식으로 작동하거나 인간의 행동을 조작할 수 있는 기술들과 관련된 다양한 법률 간의 연결 고리는 이미 형성되고 있다. 특히 인공지능, 빅데이터, 개인정보 보호, 그리고 부당한 상업 관행에 관한 법률들 사이에는 유의미한 연관성이 존재한다.[53] 하지만 이처럼 분산된 법률

---

46 European Commission, *Proposal for a Regulation of the European Parliament and of the Council on contestable and fair markets in the digital sector (Digital Markets Act)*, COM(2020) 842 final (12 December 2020) [DMA].

47 European Commission, *Proposal for a Regulation of the European Parliament and of the Council on a Single Market For Digital Services (Digital Services Act) and amending Directive 2000/31/EC*, COM(2020) 825 final (15 December 2020) [DSA].

48 Council Directive 85/374/EEC (Product Liability Directive), OJ L 210/29 (7 August 1985) [PLD] and European Parliament, *Resolution of 20 October 2020 with recommendations to the Commission on a civil liability regime for artificial intelligence (2020/2014(INL))*, P9_TA(2020)0276 (20 October 2020).

49 Directive 2005/29/EC (Unfair Commercial Practices Directive), OJ L 149/22-39 (11 June 2005).

50 Directive 2000/31/EC (Electronic Commerce Directive), OJ L 178/1-16 (17 July 2000).

51 Directive (EU) 2018/1808 (Audiovisual Media Services Directive), OJ L 303/69-92 (28 November 2018) [*Italics* added] [AVMSD].

52 European Commission, *Europe's Media in the Digital Decade: An Action Plan to Support Recovery and Transformation*, COM(2020) 784 final (3 December 2020) 12.

53 Philipp Hacker, "Manipulation by Algorithms. Exploring the Triangle of Unfair Commercial Practice, Data Protection, and Privacy Law" (2021) *European Law Journal* 1-34, 28; https://doi.org/10.1111/eulj.12389 and Eliza Mik, "The erosion of autonomy in

과 규제를 서로 연계하고 조율하는 것만으로는 역부족일 수 있다. 이처럼 기술이 여러 분야에 걸쳐 영향을 미치고 있는 만큼 관련 법률과 규제들은 더 정교하게 조율되고 통합되어야 하며, 궁극적으로는 기본권을 포함한[54] 경쟁법,[55] 조세법,[56] 금융법,[57] 불법행위법,[58] 형법,[59] 지식재산권법,[60] 국제무역법,[61] 국제법[62] 등과의 정합성을 보장하는 헌법적 체계 안에서 운영되어야 한다. 이러한 각 법 분야는 이미 AI의 급격한 영향에 독립적으로 대응하는 데 한계를 드러내고 있으며, EU의 경우 단순한 헌법적 논의를 넘어서 EU 헌법에 대한 실질적 설계와 도입 논의가 요구된다.[63]

---

online consumer transactions" (2016) 8(1) Law, Innovation and Technology 1-38.

54 Steven Livingston and Mathias Risse, "The Future Impact of Artificial Intelligence on Humans and Human Rights" (2019) 33(2) *Ethics & International Affairs* 141-156, 155.

55 Nicolas Petit, "Antitrust and Artificial Intelligence: A Research Agenda" (2017) 8(6) *Journal of European Competition Law & Practice* 361-262 and Joseph E. Harrington, Jr., "Developing Competition Law for Collusion by Autonomous Artificial Agents" (2019) 14(3) *Journal of Competition Law & Economics* 331-363.

56 Stephanie Hoffer, "What if Tax Law's Future is Now? An Introduction to the Symposium on Artificial Intelligence & The Future of Tax Law" (2020) 16(1) *The Ohio State Technology Law Journal* 67-72.

57 Tom C.W. Lin, "Artificial Intelligence, Finance, and the Law" (2019) 88(2) *Fordham Law Review* 531-552.

58 Hannah R. Sullivan and Scott J. Schweikart, "Are Current Tort Liability Doctrines Adequate for Addressing Injury Caused by AI?" (2019) 21(2) *AMA Journal of Ethics* E160-166.

59 Ryan Abbott and Alex Sarch, "Punishing Artificial Intelligence: Legal Fiction or Science Fiction" (2019) 53(1) *UC Davis Law Review* 323-384, 328 and Gabriel Hallevy, *Liability for Crimes Involving Artificial Intelligence Systems* (Cham: Springer International, 2015) 22.

60 Reto Hilty, Jyh-An Lee and Kung-Chung Liu (eds.), *Artificial Intelligence and Intellectual Property* (Oxford: Oxford University Press, 2021).

61 Shin-yi Peng, Ching-Fu Lin and Thomas Streinz (eds.), *Artificial Intelligence and International Economic Law: Disruption, Regulation, and Reconfiguration* (Cambridge: Cambridge University Press, 2021).

62 Ashley Deeks, "Introduction to the Symposium: How Will Artificial Intelligence Affect International Law?" (2020) 114 *American Journal of International Law Unbound* 138-140.

63 Peggy Valcke, Damian Clifford, and Viltė Kristina Dessers, "Constitutional Challenges in

더 나아가 산업 간 융합이 가속화되고 기술과 시장의 상호 연결성이 증대되며 소유 구조가 점점 더 집중됨에 따라, 각 법률 분야에서 이미 제기되고 있는 도전 과제들은 더욱 복잡해지고 심각해질 것으로 예상된다. 그러므로 각 법률 분야는 따로따로 다뤄질 것이 아니라, 기본권을 중심에 두고 주요 법체계를 아우르는 헌법적 질서 속에서 통합적으로 운영되어야 한다. 무엇보다 중요한 것은 AI와 인간의 미래에 대한 명확한 목표를 공유하고, 이를 실현하기 위한 공통된 언어와 이해를 바탕으로 법체계를 구성해야 한다. 아울러 EU는 유네스코 등 국제기구 차원의 논의가 실질적인 글로벌 규범으로 발전할 수 있도록, 특히 중국, 러시아, 미국 등 주요 국가들과의 협력을 병행해 나가야 할 것이다. 전 지구적 차원에서는 이제 글로벌 법질서를 단순히 이론적으로 논의하는 수준을 넘어서, 실질적으로 헌법적 틀 안에서 구축해 나가는 "헌법화"가 필요함을 의미한다.

향후 AI 분야의 기술 혁신, 특히 뇌-컴퓨터 인터페이스(BCI), 기능적 자기공명영상(fMRI), 빅데이터, 사물인터넷(IoT), 블록체인, 로봇공학, 시선 추적 기술 등 다양한 기술・도구 또는 응용은[64] 기존의 법 개념의 의미와 해석에 연쇄적이고 점증적인 변화를 가져올 가능성이 높다. 실제로 이러한 기술들이 미치는 영향은 언어적 변화 속에서도 분명히 드러나는데, 모순어법, 역설적인 표현, 혼성어(portmanteau word)와 같은 새로운 언어 현상의 증가가 그 예이다. 이러한 변화는 반드시 충분히 고려되어야 한다. 이것은 각각의

---

the Emotional AI Era" in Hans-W. Micklitz et al. (eds.), *Constitutional Challenges in the Algorithmic Society* (Cambridge: Cambridge University Press, 2022) 57-77, 71 and Rostam J. Neuwirth, "The European Union as an Oxymoron: From Contest via Contradiction to Constitution?" in Julien Chaisse (ed.), *Sixty Years of European Integration and Global Power Shifts: Perceptions, Interactions and Lessons* (Oxford: Hart, 2019) 51-65, 57.

64 Gabriel A. Silva, "A New Frontier: The Convergence of Nanotechnology, Brain Machine Interfaces, and Artificial Intelligence" (2018) 12(843) *Frontiers in Neuroscience* 1-8; doi: 10.3389/fnins.2018.00843 and Yinong Chen, "IoT, cloud, big data and AI in interdisciplinary domains" (2020) 102 *Simulation Modelling Practice and Theory* 1-5; https://doi.org/10. 1016/j.simpat.2020.102070.

분야에서 미미하고 눈에 띄지 않는 변화들이라도, 전체 법적 · 사회적 시스템에 중대한 변화를 초래할 수 있음을 의미한다. 다시 말해 작은 변화들이 누적되면서 기존의 전통적인 접근 방식이나 전제들을 뿌리부터 흔드는 근본적인 전환으로 이어질 수 있으며, 이러한 현상은 "패러다임 전환"이라는 개념으로 설명된다. 따라서 AI 시스템이 가져올 보다 광범위한 영향, 특히 잠재의식적 자극 기법(subliminal techniques)이 법률과 어떤 방식으로 연결되고 영향을 미칠 수 있는지를 간단히 조망해 볼 필요가 있다.

제2절 법률에 미치는 보다 광범위한 파급 효과: 인지적 자유권을 향하여

AI와 인지과학 분야에서 계속되는 발전은 인간의 정신에 훨씬 더 뚜렷하고 측정 가능한 영향을 가져올 것으로 보이며, 이것은 곧 우리가 세상을 바라보고 이해하며 삶을 구성해 나가는 방식에 결정적인 영향을 미치게 될 것이다. 이러한 효과는 현재를 넘어 미래 세대의 삶에도 깊은 영향을 미칠 것이다. 기술이 인간의 삶에 더 큰 영향을 미치게 됨에 따라 법과 법학이 감당해야 할 책임 역시 그만큼 막중해진다. 앞서 살펴본 바와 같이 법, 언어, 과학, 기술을 포함한 세상의 거의 모든 현상은 인간의 정신에서 비롯되었을 뿐만 아니라, 오늘날 이들 모두가 전례 없는 속도로 변화하고 있다는 점에서 깊은 연관성을 지닌다.

21세기를 "역설의 시대"라고 부르는 표현이 시사하듯[65] 오늘날의 급격한 변화는 깊은 내적 모순과 당혹스러운 역설 속에서 나타나며, 이러한 경향은 역설의 수사학적 변종이라 할 수 있는 "모순어법"(oxymora)들이 점차 더

65 Charles Handy, *The Age of Paradox* (Boston: Harvard Business School Press, 1995) x.

많아지는 형태로 표출되고 있다.[66] 법의 영역에서도 이러한 모순어법은 겉보기에 해결이 불가능한 규범 간 충돌에서부터 비롯된 다수의 "법적 딜레마"를 낳고 있다.[67] 이러한 현상은 "인공지능"과 같은 신조어뿐만 아니라 본질적으로 모순된 의미를 내포하고 있는 여러 개념들 —예를 들어 "원시 데이터", "소셜 미디어", "가상 현실" 등— 을 통해서도 확인할 수 있다.[68] 되짚어보면 역설과 모순어법은 월터 갤리(Walter B. Gallie)의 "본질적으로 논쟁적인 개념"에 착안한 "본질적으로 모순어법적인 개념"이라 불리며, 이들 모두 용어 자체에 다양한 수준의 내적 모순을 담고 있다. 이는 단어 하나에서부터 두세 문장에 이르기까지 다양한 수사적 표현을 통해 나타난다.[69] 우선 역설에 대한 올바른 이해가 중요한 이유는 그것이 오늘날 우리 삶의 거의 모든 영역을 규정해 왔으며, 실질적으로 모든 곳에서 발견될 수 있을 만큼 보편적인 현상이기 때문이다.[70] 이러한 현상은 법학에서도 큰 의미를 갖는다. 최근 법의 영역에서도 모순어법과 역설의 사용이 증가하고 있으며, 이것은 기존의 이분법적 사고와 배타적인 논리 체계를 점차 흔들고 있기 때문이다.[71] 무엇보다도 역설을 올바르게 이해하는 것이야말로 미래를 설계하고 어쩌면 인류의 더 나은 운명을 만들어가는 데 있어 핵심적인 역할을 한

---

66 Helen Vendler, *The Music of What Happens: Poems, Poets, Critics* (Cambridge, MA: Harvard University Press, 1988) 242.

67 James N. Rosenau, "Governance in the 21st Century" (1995) 1(1) *Global Governance* 13-43, 13, Valentin Jeutner, *Irresolvable Norm Conflicts in International Law: The Concept of a Legal Dilemma* (Oxford: Oxford University Press, 2017), and Rostam J. Neuwirth, *Law in the Time of Oxymora: A synaesthesia of Language, Logic and Law* (New York: Routledge, 2018).

68 Rostam J. Neuwirth, "The 'Letter' and 'Spirit' of Comparative Law in the Time of 'Artificial Intelligence' and other Oxymora" (2020) 26(1) *Canterbury Law Review* 1-31, 9-13.

69 Rostam J Neuwirth "Essentially Oxymoronic Concepts" (2013) 2(2) *Global Journal of Comparative Law* 147-166, 150.

70 Andreas Wagner, *Paradoxical Life: Meaning, Matter, and the Power of Human Choice* (New Haven: Yale University Press, 2009) 3.

71 Neuwirth, *Law in the Time of Oxymora, supra* note 67, 255.

다는 주장이 제기되어 왔다.[72]

정리하자면 이처럼 새롭게 등장한 본질적으로 모순적인 개념들은 급변하는 기술 및 사회 환경을 반영함과 동시에, 기존의 법적 사고방식이 변화에 충분히 대응하지 못하고 있으며 오랫동안 유지되어 온 법적 개념들과 제도적 틀 역시 그 유효성에 있어 한계를 드러내고 있음을 보여준다. 이러한 특성을 가장 잘 대변하는 역설은 "우리 시대의 역설"로, 바로 데이비드 헬드(David Held)는 다음과 같이 설명한 바 있다.

> 우리 시대의 역설은 다음과 같이 요약될 수 있다: 인류가 함께 해결해야 할 공동의 문제들은 점점 더 전 글로벌 차원이 되어가고 있으나, 그러한 문제에 대응하기 위한 수단은 여전히 국가나 지역 단위에 머물러 있으며 그마저도 미약하고 불완전하다.[73]

유감스럽게도 이러한 역설은 인공지능에만 국한되지 않고, 코로나19 팬데믹, 기후변화, 그리고 지속가능발전목표(SDGs)에서 제시된 다양한 글로벌 위기 등 훨씬 더 시급한 글로벌한 문제들에도 그대로 나타난다. 나아가 "지속가능한 발전"이라는 개념 자체도 본질적으로 내재된 모순을 지닌 모순어법으로 간주될 수 있다.[74] 이러한 상호 연관된 다양한 문제들을 해결하고 앞으로 닥칠 재난과 위기를 예방하기 위해서는 국제 사회가 협력하여 새로운 글로벌 법질서를 구축하려는 노력이 절실하다. 이러한 새로운 글로벌 법질서를 구축하기 위해서는 무엇보다도 혁신적인 사고가 필요하며, 이는 "GAIA"라는 이름의 미래 국제기관을 다룬 과학적 허구 서사에서 제시된 바 있다. 예를 들어, 지역과 세계 수준의 통치를 통합한 "글로컬 거버넌스"(glo-

---

72 Handy, *supra* note 65, xi.

73 Held, *supra* note 42, 143.

74 Esther Njiro, "Introduction: Sustainable Development an Oxymoron?" (2002) 52 *Agenda* 3-7.

cal governance)나 기존의 위계적 구조를 보완하는 "홀라키(holarchy)"적 체계라는 상호보완적 구조로 보완하는 방식이 그것이다.[75] 이와 같은 맥락에서 인공지능을 전문적으로 다룰 수 있는 국제기구에 대한 구상도 제안된 바 있으며, 대표적인 예로는 "국제 인공지능 기구"(IAIA)와 같은 형태가 있다.[76] 이러한 제안이 등장하게 된 이유는 다음과 같다:

> 글로벌 차원의 문제는 글로벌한 해결책을 요구하기에 우리는 다양한 학문적 전문성을 바탕으로 AI 기술에 대한 규제 체계를 통합적으로 수립하고, 전 세계 AI 정책 수립에 방향을 제시할 수 있는 국제 인공지능 규제 기구의 설립을 제안한다.[77]

인공지능이 국제정세와 국제법에 걸쳐 광범위하고 교란적인 영향을 미칠 것으로 전망되는 만큼, 이러한 글로벌 제도적 프레임워크 구축에 대한 제안은 매우 신중한 검토가 요구된다. 이는 곧 AI가 적절한 규제 없이 발전하게 되면, 향후 구축될 글로벌 법질서의 핵심 구성 요소인 제도, 기관, 법적 개념들까지도 심각하게 교란시킬 수 있음을 시사한다.[78] AI 분야에서 실현가능한 국제 규제 협력 체계가 필요한 또 다른 이유는, "각국이 서로 다른

---

75 Rostam J. Neuwirth, "GAIA 2048 – A 'Glocal Agency in Anthropocene': Cognitive and Institutional Change as 'Legal Science Fiction'", in Meredith Kolsky Lewis, Junji Nakagawa, Rostam J. Neuwirth, Colin B. Picker, and Peter-Tobias Stoll, (eds.), *A Post-WTO International Legal Order: Utopian, Dystopian and Other Scenarios* (Cham: Springer, 2020) 71-92.

76 Simon Chesterman, "Weapons of Mass Disruption: Artificial Intelligence and International Law", *NUS Law Working Paper 2021/009* (April 2021) 1; https://law.nus.edu.sg/wp-content/uploads/2021/05/009_ 2021_SimonC.pdf and Olivia J. Erdélyi and Judy Goldsmith, "Regulat- ing Artificial Intelligence: Proposal for a Global Solution" (2018) *AIES '18: Proceedings of the 2018 AAAI/ACM Conference on AI, Ethics, and Society* 95-101, 100; https://doi.org/10.1145/3278721.3278731.

77 Erdélyi and Goldsmith, *ibid.*, 95.

78 Matthijs M. Maas, "International Law Does Not Compute: Artificial Intelligence and the Development, Displacement or Destruction of the Global Legal Order" (2019) 20(1) *Melbourne Journal of International Law* 29-57, 29 and 56.

방향으로 파편화된 AI 정책을 추진하는 것을 방지하고, 그로 인해 초래될 수 있는 국제적 긴장을 예방하기 위함이다.[79]

국가 단위의 정책 파편화 문제는 새로운 현상이 아니다. 이는 DVD와 같은 기술 제품이나 인터넷 시장에서 이미 확인된 바 있으며, 특히 지리적 위치 기반 차단(geolocation)이나 접속 제한(geoblocking)과 같은 조치들을 통해 각국의 시장이 분절되고 접근성이 제한되는 방식으로 나타나고 있다.[80] 이와 같은 문제는 "가짜 뉴스"에 대한 규제에서도 뚜렷이 나타난다. 현재 대부분의 국가는 이 문제를 자국 내에서 개별적으로 처리하고 있으며, 오래전 제정된 UN 총회의 1953년 「국제 정정권에 관한 협약」과 같은 기존 국제 규범을 되살리거나 국제적 협력의 틀 안에서 접근하려는 움직임은 거의 없는 실정이다.[81]

결국 "우리 시대의 역설"은 수많은 역설들 가운데 하나일 뿐이며, 이러한 역설들은 관찰되는 현상들이 더 근본적인 문제들을 반영하고 있음을 시사한다. 이러한 문제들에 대한 해결은 인지적 차원에서 모색되어야 하며, 조지 플레처(George G. Fletcher)가 이에 대해 다음과 같은 말로 강조한 바와 같다:

---

79 Erdélyi and Goldsmith, *supra* note 76, 95 and 100.

80 Rostam J. Neuwirth, "The Fragmentation of the Global Market: The Case of Digital Versatile Discs (DVDs)" (2009) 27 *Cardozo Arts & Entertainment Law Journal* 409-458, Marketa Trimble, "The Future of Cybertravel: Legal Implications of the Evasion of Geolocation" (2012) 22(3) *Fordham Intellectual Property Media and Entertainment Law Journal* 567-657, 569-570, Peter K. Yu, "A Hater's Guide to Geo- blocking" (2019) 25(2) *Boston University Journal of Science and Technology Law* 503-529 and European Commission, *GeoBlocking Practices in e-Commerce*, SWD(2016) 70 final (18 March 2016).

81 Baade, *supra* note 15, Rostam J. Neuwirth, "The Regulation of 'Fake News' in the Time of Oxymora: Facts and Fictions about the Covid-19 Pandemic as Coincidences or Predictive Programming?" (2021) *International Journal for the Semiotics of Law* 1-27; https://doi.org/10.1007/s11196-021-09840-y, and the *Convention on the International Right of Correction*, New York, 31 March 1953, 435 UNTS 191.

법체계의 토대를 이루는 근본적인 질문들에 대해 제대로 된 성찰과 대응이 이루어지지 않는다면, 역설과 이율배반적 충돌은 계속해서 발생할 수밖에 없을 것이라는 점을 충분히 예견할 수 있다. 이제 이러한 문제와 모순의 본질을 보다 정확히 파악하게 된 지금, 우리는 그 어느 때보다 시급하게 법의 근본 원리에 대한 성찰과 논의를 시작해야 한다. 또한 법체계를 마비시키는 모순을 피하려면, **우리의 법적 사고를 뒷받침하는 전제들을 근본부터 깊이 있게 이해하려는 노력이 필요하다.**[82]

아울러 이러한 역설들은 기존의 경직된 법 논리만으로는 복잡한 현대 사회의 문제들을 충분히 설명하거나 해결하기 어렵다는 점에서, 법체계 안에 보다 실험적이고 유연한 사고방식이 침투해야 한다는 사회적이고 지적인 필요성을 드러낸다.[83] 이렇듯 퍼지 논리(fuzzy logic)와 같은 유연한 가능성은 인공지능의 발전, 비전형적인 컴퓨팅 방식, 그리고 "언어 기반 연산"(computing with words)과 같은 새로운 컴퓨팅 패러다임 속에서 그 잠재적 효용성이 주목받고 있다.[84] 이러한 모순어법들과 역설이 지닌 효용성은 법 이외의 여러 분야에서도 동일하게 나타난다. 기존의 모델이나 이론적 틀을 검증하고 재구성할 수 있는 유익한 계기를 제공할 뿐 아니라, 일부 과학 분야에서는 진정한 의미의 "패러다임 전환"을 이끌어내는 촉매 역할을 하며, 인간의 다양한 삶의 조건을 보다 긍정적이고 인간 중심적으로 조망하는 데에도 기여할 수 있다.[85] 그러므로 모순어법들과 역설이 다른 분야에서 유익

---

82 George P. Fletcher, "Paradoxes in Legal Thought" (1985) 85(6) *Columbia Law Review 1263-1292*, 1292.

83 Jogn Deway, "Logical Method and Law" (1924) 10(1) *Cornell Law Quarterly 17-27*, 26.

84 Pier Luigi Gentili, "Establishing a New Link between Fuzzy Logic, Neuroscience, and Quantum Mechanics through Bayesian Probability: Perspectives in Artificial Intelligence and Unconventional Computing" (2021) 26(5987) *Molecules* 1-18, 1; https://doi.org/10.3390/mole cules26195987 and Lotfi A. Zadeh, "Fuzzy Logic = Computing with Words" (1996) 4(2) *IEEE Transactions on Fuzzy Systems* 103-111.

85 Narinder Kapur et al., "The Paradoxical Nature of Nature" in Narinder Kapur (ed.), *The Paradoxical Brain* (Cambridge: Cambridge University Press, 2011) 1-13, 1.

한 역할을 해왔던 것처럼, 법 영역에서도 유사한 긍정적 효과를 기대할 수 있다는 점을 부정할 이유는 없다. 이러한 주장의 타당성을 설명하기 위해서는, 인권 전반의 영역과 그 중에서도 특히 "사상의 자유"라는 권리에 대해 간단히 살펴보는 것이 도움이 될 것이다.

흥미롭게도, 인권 역시 하나의 역설로 설명된다. 인권은 "항상 보편적이면서 동시에 결코 보편적이지 않다." 이러한 역설은 다음과 같은 이유에서 비롯된다.

> 인권은 본질적으로 역설을 내포하고 있다. 인권은 국적, 출신, 정체성과 관계없이 모든 인간에게 보편적으로 적용되는 초월적 권리로 간주되며, 바로 이러한 보편성 덕분에 인권은 강력한 정당성과 설득력을 갖는다. 그러나 다른 한편으로는, 단지 인간이라는 이유만으로 누구에게나 부여된다고 여겨지는 인권의 개념 자체가 실제로는 현실과 괴리된, 일종의 편의적인 허구에 지나지 않는다는 비판적 시각도 존재한다. 인간은 특정한 수단과 보호 장치가 갖춰진 장소에서만 자신의 권리를 누릴 수 있다.[86]

쉽게 말해 인권의 진정한 보편성은 모든 인간이 저마다 고유하기 때문에 모두가 평등하다는 역설에 담겨 있다. 인권은 불가분적 권리로 여겨지지만, 정작 주요 국제적인 인권체계는 1948년 「세계인권선언」(Universal Declaration of Human Rights, UDHR)을 기반으로 1966년 「시민적 · 정치적 권리에 관한 국제규약」(International Covenants that on Civil and Political Rights, ICCPR)과 「경제적 · 사회적 · 문화적 권리에 관한 국제규약」(International Covenants that on Economic, Social and Cultural Rights, ICESCR)이라는 두 개의 국제규약으로 나뉘어져 있다는 점에서 또 다른 역설을 보여준다.[87] 유럽에서

---

86 Steve J. Stern and Scott Straus, "Embracing Paradox: Human Rights in the Global Age" in Steve J. Stern and Scott Straus (eds.), *The Human Rights Paradox: Universality and its Discontents* (Madison, WI: The University of Wisconsin Press, 2014) 3-28, 3.

87 *International Covenant on Civil and Political Rights*, 16 December 1966, 999 U.N.T.S.

도 인권을 둘러싼 유사한 분열이 나타났으며, 이는 유럽연합(EU)과 유럽연합 이사회(Council of Europe)라는 두 기관이 마치 탄생과 동시에 서로 다른 길을 걷게 된 쌍둥이처럼 출발부터 분리되었다는 점에서 분명하게 드러난다.[88]

위의 몇 가지 사례만으로도 인권에 대한 사고방식을 새롭게 재구성할 필요성이 명확히 드러난다. 특히 AI와 가장 밀접하게 연결된 핵심 권리인 "사상의 자유"에 대해서는 더욱 그러하다. "사상의 자유"는 「시민적 · 정치적 권리에 관한 국제규약」(ICCPR), 「유럽인권협약」(European Convention on Human Rights, ECHR), 「유럽연합 기본권 헌장」(The Charter of Fundamental Freedoms of the EU) 등 다양한 국제 인권 문서에 명시되어 있다.[89] 「세계인권선언」(UDHR) 제18조에서는 이 권리를 다음과 같이 규정하고 있다:

> 모든 사람은 사상, 양심 및 종교의 자유에 대한 권리를 가진다. 이 권리는 자신의 종교나 신념을 바꿀 자유와, 혼자 또는 다른 사람들과 함께 공개적으로든 사적으로든 자신의 종교나 신념을 가르치고 실천하며 예배하고 따를 자유를 포함한다.[90]

"사상의 자유"는 흔히 양심 및 종교의 자유와 함께 언급되곤 하는데, 이로 인해 사상의 자유가 독립적인 권리로서 지니는 고유한 중요성이 다소 간과되어 온 측면이 있다. 이러한 맥락은 사상의 자유가 지닌 본래의 중요성에도 불구하고 마치 "잊혀진 권리"처럼 간주되고, 실질적인 중요성에 비해

---

171 [ICCPR] and *International Covenant on Economic, Social and Cultural Rights*, 16 December 1966, 993 U.N.T.S. 3 [ICESCR].

88 Gerard Guinn, "The European Union and the Council of Europe on the Issue of Human Rights: Twins Separated at Birth" (2001) 46(4) *McGill Law Journal* 849-874.

89 Art. 18 ICCPR, *supra* note 87; Art. 9 *European Convention for the Protection of Human Rights and Fundamental Freedoms*, 4 November 1950, ETS 5; and Art. 10 *Charter of Fundamental Rights of the European Union*, OJ C 326/391-407 (26 October 2012) [CFR].

90 *Universal Declaration of Human Rights*, GA Res 217 A (III) (adopted 10 December 1948) [UDHR].

현실적인 적용 가능성이 부족하다고 여겨지는 현상을 어느 정도 설명해 준다.[91] 사상의 자유는 우주에 존재하는 거의 모든 것이 "정보로 인식될 수 있다"는 관점과 맞물리며, 인간의 "사고" 영역이 갖는 본질적 중요성을 다시 한번 상기시켜 준다.[92] 정보는 단순히 비물질적인 것이 아니라 **"형태를 부여 받음"**(in-formed) **혹은 "형성과정에 있음"**(in formation)이라는 어원이 시사하듯 정보의 수신자에게 실질적으로 형체를 부여하고 형성하는 힘이다.[93] 마찬가지로 컴퓨터와 통신 기술을 근본적으로 변화시킨 정보이론에서도 "정보"는 단순한 데이터의 전달을 넘어서는 의미를 지닌다. 정보는 열역학, 상대성 이론, 양자역학, 유전학, 우주론, 천문학, 양자 컴퓨팅 등 다양한 과학 분야를 연결하며, 궁극적으로 "우주에 존재하는 모든 것은 정보로 이루어져 있다"는 가설로도 이어진다.[94]

신경과학과 컴퓨터 과학의 눈부신 진보, 그리고 이를 적극적으로 활용하는 AI의 발전으로 가속화된 이 모든 흐름은, "정보의 자유"라는 권리에 대한 기존의 해석을 넘어서, 시대적 변화에 부합하는 새로운 법적 · 철학적 해석이 절실히 요구되고 있음을 뚜렷이 보여준다. 이와 같은 해석의 필요성은 마케팅 및 다양한 설득 기법이 인간의 인지 과정과 결정 방식에 실질적인 영향을 미친다는 점에서 더욱 분명해지는데, 이는 다음과 같은 사례를 통해 잘 설명된다.

---

91 Jan Christoph Bublitz, "Freedom of Thought in the Age of Neuroscience: A Plea and a Proposal for the Renaissance of a Forgotten Fundamental Right" (2014) 100(1) *Archiv für Rechtsund Sozialphilosophie* 1-25, 12.

92 Marcia J. Bates, "Fundamental Forms of Information" (2006) 57(8) *The Journal of the Association for Information Science and Technology* 1033- 1045, 1033.

93 Ervin Laszlo, *Science and the Akashic Field: An Integral Theory of Everything*, 2nd ed. (Rochester, VT: Inner Traditions, 2007) 13.

94 Raghunath Tiruvaipati, *Information Theory of the Cosmos: How the New Science of Information Changes Our Understanding and Perception of the Universe* (New Delhi: Educreation, 2018) viii.

마케팅이 주로 정보를 전달하는 행위에 불과하다고 여전히 주장하는 사람들이 있지만, 이러한 생각은 순진하다 못해 어리석은 발상이라 해도 과언이 아니다. 상식적이고 규범적 시각에서 볼 때, 마케팅의 핵심 목적은 사람들의 사고를 변화시키고 그들의 의사결정에 영향을 미치는 것에 있다. 원칙적으로 이러한 수단은 소비자가 외부의 조작적인 개입 없이 자율적으로 판단하고 결정할 권리를 침해할 우려가 있다.[95]

나아가 여러 연구 결과를 통해 잠재의식적 자극 기법(subliminal techniques)이 실제로 효과를 가진다는 점이 입증되었기 때문에, 이러한 방식은 사실상 "사상의 자유를 침해하는 대표적인 사례"로 볼 수 있다.[96] 이러한 연구 결과는 변화하는 규제 환경에 부합하도록 "정보의 자유"라는 권리를 다시 살펴보고 새롭게 해석해야 할 필요성을 분명히 보여준다. 실천적인 차원에서 "정보의 자유"에 대한 재해석은 이와 연관된 다른 권리들을 함께 고려하고, 나아가 기본권 전반에 대한 해석 방식 자체를 근본적으로 새롭게 설정하는 접근 방식이 수반되어야 한다. 그 이유는 "정보의 자유"가 "의견 및 표현의 자유"와도 본질적으로 연계되어 있으며, 이러한 권리는 「세계인권선언」(UDHR)에도 다음과 같이 명확히 규정되어 있기 때문이다.

> 모든 사람은 의견 및 표현의 자유에 대한 권리를 가진다. 이 권리는 간섭 없이 의견을 가질 자유와 **국경에 관계없이 어떠한 매체를 통하든 정보와 사상을 탐색하고 수용하며 전달할 자유를 포함한다.**[97]

이러한 맥락에서 직관적 사고,[98] 체계적 사고,[99] 창의적 사고,[100] 그리고

---

95 Bublitz, *supra* note 91, 12.

96 *Ibid*.

97 Art. 19 UDHR, *supra* note 90 [*Italics* added]. Cf. Art. 11 CFR, *supra* note 89.

98 William J. Stewart, "Stimulating Intuitive Thinking through Problem Solving" (1988) 62(4) *The Clearing House* 175-176.

99 Raul Espejo, "What Is Systemic Thinking?" (1994) 10(2-3) *System Dynamics Review* 199-

역설적 사고[101]로 알려진 다양한 사고방식을 결합한 "모순어법적 사고"(oxymoronic thinking)가 실제로 중요한 역할을 하게 된다.[102] 간단히 말해 모순어법적 사고란 정보에 대한 권리 및 표현의 자유와 같은 권리들이 서로 충돌하는 개념이 아니라, 오히려 당면한 문제들을 더 깊이 있고 폭넓게 이해하기 위해 서로를 보완하는 관계로 바라보아야 한다는 관점에서 출발한다. 나아가 상충하는 규범들 사이에서 발생하는 법적 딜레마를 해결하기 위해서는 특정한 기술들이 필요하다. 먼저 법적 딜레마의 존재 자체를 받아들이고, 그것을 문제에 대한 더 넓고 일관된 해법을 찾아가기 위한 출발점으로 여기는 것이 해법이 될 수 있다.[103]

양자 컴퓨팅을 비롯한 다른 기술적 진보로 인해 "어떤 행위가 실정법상으로는 합법이면서도 동시에 불법인 상태"에 놓이게 되는 상황은 앞으로 점점 더 많아지고, 그 중요성 또한 더욱 커질 것으로 예상된다.[104] 대부분의 법적 문제는 그 자체로 하나의 역설(paradox)이라 할 수 있다. 벤자민 카도조(Benjamin N. Cardozo)가 말했듯이, 법의 핵심적인 과제는 "양립 불가능한 것들의 조화, 대립되는 요소들의 통합, 그리고 상반된 개념들의 종합"이라는 점에서 그러하다.[105]

이러한 역설은 AI 시스템과 관련된 사실적 측면에서도 동일하게 나타난다. 정보는 동시에 잠재의식적으로도 초의식적으로도 수용될 수 있고, 올

212.

100 John Adair, *The Art of Creative Thinking: How to Be Innovative and Develop Great Ideas* (London: Kogan Page, 2007).

101 Jerry L. Fletcher, *Paradoxical Thinking: How to Profit from Your Contradictions* (San Francisco: Berrett-Koehler Publishers, 1997).

102 Neuwirth, *Law in the Time of Oxymora*, *supra* note 67, 121, 125, 173 and 179.

103 Jeutner, *supra* note 67, 93 *et seq.*

104 Jeffery Atik and Valentin Jeutner, "Quantum Computing and Computational Law" (2021) 13 *Law, Innovation and Technology* 302-324, 314.

105 Benjamin N. Cardozo, *The Paradoxes of Legal Science* (New York: Columbia University Press, 1928) 4-5.

바른 정보를 제공하거나 오정보를 제공하기도 하며, 그 내용은 사실이면서도 동시에 허구일 수 있다. 즉 앞으로 마주하게 될 사실적이고 법적인 문제들은 단순한 흑백 논리로는 제대로 포착하거나 해결하기 어려울 것이다. 이분법적 접근은 흔히 복잡한 현실을 지나치게 단순화하는 과정에서 정확성을 잃게 되는 경향이 있기 때문이다.[106] 빠르게 발전하는 기술 혁신의 흐름 속에서 금지나 명령 같은 전통적인 이분법적 규제 수단이 더 이상 효과적이지 않으며, 현대의 복잡한 현실을 다루기에 한계가 있다는 사실은 이미 드러났다.[107]

결국 이러한 문제들은 단순한 이분법적 접근보다는 서로 영향을 주고받는 여러 천체의 운동을 예측하기 어려운 "다체 문제"(multiple-body problems)에 비유하는 것이 더 정확하다. 이 개념은 상호작용이 복잡하게 얽힌 상황에서의 분석과 규제가 얼마나 어려운지를 잘 보여준다.[108] 이와 유사하게 잠재의식적인 정보의 규제는 다양한 기본권의 영향을 받으며, 특히 정보의 자유와 표현의 자유 사이에 존재하는 긴장관계 속에서 이루어진다. 여기서 언급되어야 할 또 다른 기본권으로는 "사생활의 자유"와 "개인정보 보호의 권리"가 있다. 사생활의 자유는 여러 국제헌장에서 포괄적으로 규정되어 있지만, 「세계인권선언」(UDHR) 제12조는 이를 보다 명확히 보장하며 다음과 같이 선언하고 있다: "누구든지 자의적인 사생활 침해를 받아서는 안 되며… 모든 사람은 그러한 간섭이나 공격으로부터 법적 보호를 받을 권리를 가진다." EU에서는 개인정보 보호의 권리가 사생활의 권리로부터 오랜 과정에 걸쳐서 점차 독립된 권리로 발전해 왔으며, 그 과정에는 1980년

---

106 Bart Kosko, *Fuzzy Thinking: The New Science of Fuzzy Logic* (New York: Hyperion, 1993) 21.

107 Iris Eisenberger, *Innovation im Recht* (Wien: Verlag Österreich, 2016) 156-157.

108 Vincent M. Guibout and Daniel J. Scheeres, "Solving Two-Point Boundary Value Problems Using Generating Functions: Theory and Applications to Astrodynamics" in Pini Gurfil (ed.), *Modern Astro-dynamics* (Amsterdam: Elsevier, 2007) 53.

OECD의 「프라이버시 보호 및 국경 간 개인정보 흐름에 관한 가이드라인」(Guidelines on the Protection of Privacy and Transborder Flows of Personal Data), 1981년 유럽연합 이사회의 「자동화된 개인정보 처리와 관련된 개인 보호에 관한 협약」(Convention for the Protection of Individuals with regard to Automatic Processing of Personal Data) 등 여러 국제적인 데이터 보호 문서들이 기여를 했다.[109] 「유럽연합 기본권 헌장」 제8조는 개인정보 보호에 대한 권리에 관하여 다음과 같이 명시하고 있다:

1. 누구든지 자신에 관한 개인정보의 보호를 받을 권리를 가진다.
2. 해당 데이터는 명시된 목적을 위해 공정하게 처리되어야 하며, 당사자의 동의 또는 법률에 의해 정해진 다른 정당한 근거에 의거하여 처리되어야 한다. 누구든지 자신에 관해 수집된 데이터에 접근할 권리와 그 정보를 정정할 권리를 가진다.
3. 이들 규칙의 이행은 독립된 감독 기관의 통제를 받아야 한다.[110]

이들 권리와 건강권 같은 기타 기본권 사이의 본질적인 연결성[111]은 UNESCO 산하 국제생명윤리위원회(International Bioethics Committee, IBC)가 신경기술과 관련된 새로운 잠재적 위험성과 관련하여 "정신적 프라이버시"(mental privacy)라는 개념을 제시한 사례에서 명확히 확인할 수 있다. 이와 같은 맥락에서 사생활에 대한 권리는 단지 개인정보 보호에 국한되지 않고, 표현의 자유, 결사의 자유, 위치 선택과 이동의 자유, 공간적 자유, 그리고 신념 · 사상 · 감정의 자유, 행동의 자유와 같은 다양한 법적 · 윤리적 측면을 포괄하는 "자유권" 전반과 밀접하게 얽혀 있다는 점을 분명히 했다.[112]

---

109 Gloria González Fuster, *The Emergence of Personal Data Protection as a Fundamental Right of the EU* (Cham: Springer International, 2014) 14.

110 Art. 8 CFR, *supra* note 89.

111 Art. 25 UDHR, *supra* note 90; Art. 12 ICESCR, *supra* note 87.

112 UNESCO International Bioethics Committee (IBC), *Preliminary Draft Report of the IBC on*

정신적 프라이버시는 우리의 사고가 본질적으로 개인적인 것이며 외부에서 침투하거나 간섭할 수 없다는 믿음의 표현으로 이는 "자기 정체성"(self-model)의 핵심을 이루는 요소이다.[113] 하지만 뇌 데이터를 디지털 정보와 결합하여 전송하거나 이식형 신경장치를 통해 전달하는 신경기술의 발전과 기능적 자기공명영상(fMRI)과 같은 기술의 발전은 이미 인간의 생각을 읽어내고 외부로 공개하는 것이 기술적으로 가능해졌음을 보여준다. 이와 관련하여 국제생명윤리위원회(IBC)는 개인조차 인식하지 못하는 심리 상태를 뇌영상 기술로 탐지하거나 예기치 않게 발견된 데이터를 활용함으로써 가능해진 "마음 읽기"(mind reading) 기술이 야기할 수 있는 복잡한 위험성과 사회적 문제를 명확히 지적하였다. 특히 이러한 정보가 "당사자의 동의 없이, 심지어 정보가 수집되고 있다는 사실조차 모르는 상태에서" 획득되고 있다는 점을 강조하였다.[114]

바로 앞 문장의 핵심은 초의식적 방법(supraliminal methods)과 잠재의식적 방법(subliminal methods)이 동시에 사용되고 있다는 점에 있다. 앞서 살펴보았듯이 인간의 지각은 일반적으로 다섯 가지 감각 외에도 아직 분류되지 않았거나 알려지지 않은 추가적인 감각들에 의존할 수 있다는 기존 연구 결과와도 맞닿아 있다. 결국 인지와 뇌에 대한 이해가 점차 깊어짐에 따라, 지각과 정보뿐만 아니라 기본권과 규제에 대해서도 포괄적이면서도 일관된 틀과 통합적 접근 방식이 필요하다는 사실이 더욱 부각된다. 이러한 맥락에서 과거에 감각의 분류가 파편적으로 이루어졌던 방식과 현재의 정치·법적 체계가 분절적으로 작동하고 있다는 문제점 사이에는 유사성이 존재한다고 볼 수 있다. 비슷한 맥락에서 최근 언어학에서 관찰되는 융합

Ethical Issues of Neurotechnology, SHS/BIO/IBC- Ext/2021/3 (15 December 2020) 14-15.

113 John-Dylan Haynes, "Brain Reading" in Sarah D. Richmond, Geraint Rees, and Sarah J. L. Edwards (eds.), *I Know What You're Thinking: Brain Imaging and Mental Privacy* (Oxford: Oxford University Press, 2012) 34-40, 38.

114 UNESCO International Bioethics Committee (IBC), *supra* note 112, 14-15 [*Italics* added].

의 개념과 기술 변화에서 나타나는 융합적 흐름에서도 유사한 양상을 발견할 수 있다. 언어적 흐름을 보면 두 개의 단어를 결합해 새로운 의미를 만들어내는 "혼성어"(portmanteau word)[115]의 활용이 점점 증가하고 있다. 예를 들어 "감정"(emotion)과 "아이콘"(icon)을 결합한 "이모티콘"(emoticon)은 하나의 단어 속에 두 가지 의미를 동시에 담아내는 대표적인 사례다.[116] 이러한 경향은 본질적으로 모순어법적(oxymoronic) 개념의 추세와도 부합하는데, 특히 혼성어가 겉보기에 상충되는 두 의미를 함께 담고 있을 때 하나의 "모순어법"(oxymoron)'으로 변형되는 경우에서 찾아볼 수 있다. 기술 영역에서는 산업과 제품 간의 경계가 허물어지고 융합이 가속화되고 있으며, 이러한 흐름은 "네트워크 경제",[117] "디지털 경제",[118] "공유 경제",[119] "데이터 중심 경제",[120] "블록체인 경제",[121] "경험 경제",[122] "창조 경제"[123] 등 관련 개념들을 통해 분명히 드러난다. 이러한 두 가지 경향은 상표법 영역에

---

115 Lewis Carroll, *Through the Looking Glass, and What Alice Found There* (London: MacMillan, 1872) 127.

116 Jen Doll, "Now We're Just Making Stuff Up: A Guide to the Rise of the Portmanteau", *The Atlantic* (15 September 2012); https://www.theatlantic.com/cul ture/archive/2012/09/now-were-just-making-it-guide-rise-portmanteauing/323626/.

117 Börje Johansson · Charlie Karlsson and Lars Westin (eds.), *Patterns of a Network Economy* (Berlin: Springer, 1994).

118 Erik Brynjolfsson and Brian Kahin (eds.), *Understanding the Digital Economy: Data, Tools, and Research* (Cambridge, MA: MIT Press, 2000).

119 Arun Sundararajan, *The Sharing Economy: The End of Employment and the Rise of Crowd-Based Capitalism* (Cambridge, MA: MIT Press, 2016).

120 José María Cavanillas, Edward Curry, and Wolfgang Wahlster (eds.), *New Horizons for a Data−Driven Economy: A Roadmap for Usage and Exploitation of Big Data in Europe* (Cham: Springer 2016).

121 George Gilder, *Life After Google: The Fall of Big Data and the Rise of the Blockchain Economy* (Washington: Regnery Gateway, 2018).

122 Joseph B. Pine and James J. Gilmore, *The Experience Economy: Work is Theatre & Every Business a Stage* (Boston: Harvard Business School Press, 1999).

123 John Howkins, *The Creative Economy: How People Make Money from Ideas* (London: Penguin, 2002).

서도 동시에 나타나고 있는데, 이는 소위 "브랜드 이름에서 혼성어(blends)의 두드러진 인기"라고 불리는 현상에서 잘 드러난다.[124]

종합적으로 볼 때 이러한 현상들은 언어와 기술의 융합을 넘어 감각들 간의 통합 현상인 "공감각"(synaesthesia)까지도 포괄하는 "개념적 통합"(블렌딩)[125]이라는 전반적 경향으로 정리할 수 있다. 더 거시적인 관점에서 보면 이러한 흐름은 "만물 이론"(theory of everything)을 발견하고 궁극적으로는 만물을 이해하고자 하는 인간의 근원적 열망의 표현일 수도 있다. 오늘날 AI와 빅데이터의 잠재력이 부각되면서 "정보화 시대는 우리가 세상에 대해 모든 것을 파악하고, 이를 원하는 대로 재구성할 수 있으리라는 일부 통찰력 있는 전략가들의 꿈을 자극해 왔다"는 말도 나온다.[126] 이와 같이 인공지능은 우리의 두뇌를 기술적으로 확장한 것으로 볼 수 있으며, 이는 증강현실(AR)과 가상현실(VR)이 모든 감각을 통합적으로 확장하는 이른바 "공감각"(synaesthesia)적 방식과 유사하다. 그렇다면 웰스(H.G. Wells)가 제안한 "세계의 두뇌"(world brain)라는 구상에 따라, 글로벌 사회에서 법이 수행해야 할 역할 또한 다시금 성찰해 볼 필요가 있다. 이는 법학 연구와 교육이 이처럼 전례 없는 도전에 어떻게 적응할 수 있을지에 대한 문제를 해결해야 함을 의미한다. 이러한 과제들은 상당한 도전이 될 것으로 보이며, 이를 가장 적절히 포착한 개념이 바로 "법률 공감각"(legal synaesthesia)일 수 있다는 견해도 있다.

---

124 Jelena Danilovic Jeremic and Jelena Josijevic, "To blend so as to brand: a study of trademarks and brand names" (2019) 14 *Lexis* 1-19; https:// doi.org/10.4000/lexis.3732.

125 Mark Tunner and Fauconnier, "Conceptual Integration and Formal Expression" (1995) 10(3) *Metaphor and Symbolic Activity* 183-204, 183.

126 Dirk Helbing, *Next Civilization: Digital Democracy and Socio-Ecological Finance - How to Avoid Dystopia and Upgrade Society by Digital Means*, 2nd ed. (Cham: Springer, 2021) 63.

제3절 법률 공감각 : 감각의 융합이 법의 통합에도 기여할 수 있는가?

AI가 인간 정신을 외부적으로 확장한 형태로서 빅데이터의 힘을 빌려 "디지털 수정구슬"[127]처럼 작동하며 미래를 예측하고 창조할 수 있는 도구를 인간에 제공하게 된다면, 법의 역할 또한 근본적으로 재고하고 새롭게 정의할 필요가 있을 것이다. 법이 수행하는 기능은 본질적으로 끊임없이 논쟁의 대상이며, 시대적 변화에 따라 계속해서 재정의되고 있다. 그러나 법의 역할을 보다 명확히 설명하는 데 유용한 두 가지 비유가 있다. 첫 번째로 피에르 르폴(Pierre Lepaulle)는 법을 사회가 겪은 또는 앞으로 겪을 수 있는 병폐를 치유하고 예방하기 위해 설계된 "사회적 의학"으로 묘사했다.[128] 두 번째로 들 수 있는 유용한 은유는 론 풀러(Lon L. Fuller)가 제시한 것으로, 그는 법률가를 "우리 사회의 법적 · 정치적 · 경제적 질서를 설계하는 핵심적인 설계자"로 보았다.[129] 여기에 제시된 두 가지 비유들은 법의 전반적인 미래 역할과 더불어, 인공지능 및 미래 기술의 규제를 어떻게 바라볼 것인가에 대한 이해를 돕는 유용한 틀을 제공한다고 볼 수 있다. 반대로 인공지능과 신기술의 규제 자체도 전 세계 사회의 미래에 핵심적인 요소가 되고, 법의 필요성과 역할에도 중대한 영향을 미치게 될 것이다. 요컨대, 오늘날 인류는 미래를 단순한 추정으로 예측하는 것이 아니라 "창조적 개입"을 통해 미래를 예측할 수 있는 전례 없이 역설적인 상황을 마주하는 셈이다. 이것은 "생각할 수 있는 것은 모두 가능하다"는 비트겐슈타인(Ludwig Wittgenstein)의 예언적 통찰을 다시금 입증한다.[130]

---

127 *Ibid.*, 65.

128 Pierre Lepaulle, "The Function of Comparative Law with a Critique of Sociological Jurisprudence" (1922) 35(7) *Harvard Law Review* 838-858, 838.

129 Lon L. Fuller, "On Teaching Law" (1950) 3(1) *Stanford Law Review* 35-47, 37.

130 Ludwig Wittgenstein, *Tractatus Logico-Philosophicus* (London: Routledge, 1960) 43 (3.02).

수많은 모순어법들 속에 드러나는 인공지능 관련 역설들은 개인과 집단 차원 모두에서 전반적인 검토와 논의가 필요하다. 결국 핵심 과제는 최대한으로 정책적 정합성과 법적 일관성을 확보하는 데 있고, 이것은 지역과 글로벌 수준에서 다양한 법과 규제 간의 최적의 조정과 상호작용을 의미한다. 국제적 차원에서 더 큰 일관성을 확보하기 위해서는 현행 국제 법질서 구조를 근본적으로 재편하는 개혁이 필요하다. 다만 UN과 WTO가 직면해온 과거 및 현재의 난제들의 실질적인 개혁이 이루어지기 위해서는 인식의 변화가 선행되어야 한다는 사실을 보여준다.[131] 결국 일관성과 포용성을 위한 인식의 전환이 이루어지기 위해서는, 인간의 감각들 사이에 보다 높은 수준의 통합이 필요하다. 이는 감각의 통합성이 인식의 통합으로, 궁극적으로는 입법과 집행 차원 모두에서 법의 통일성으로 이어질 수 있다는 주장을 뒷받침해 준다. 바로 이러한 맥락에서 공감각과 법이 융합되어 탄생하는 "법률 공감각" 개념이 핵심적인 역할을 하게 되는 것이다.

"법률 공감각"(legal synaesthesia)이라는 용어는 처음에 인간의 모든 감각뿐 아니라 그 감각들과 법 사이의 밀접한 관계를 강조하기 위해 제시되었다. 이것은 곧 우리가 법을 시각, 청각, 촉각, 미각 등 다양한 방식으로 인지한다는 관점에서 출발한 개념이다.[132] 이와 동시에 "법률 공감각"은 서로 다른 감각의 통합뿐 아니라, 언어와 논리, 법이라는 인식의 더 큰 통합을 지향하는 하나의 은유로도 활용되었다.[133] 감각의 통합의 증대가 다양한 분야에서 갖는 중요성은 다음과 같이 제시된다.

---

131 Andrew T.F. Lang, "Reflecting on 'Linkage': Cognitive and Institutional Change in the International Trading System" (2007) 70(4) *Modern Law Review* 523-549, 529.

132 Sarah Marusek, "Exploring Layers of Law and the Sensory at the Volcano" in Sarah Marusek (ed.), *Synesthetic Legalities: Sensory Dimensions of Law and Jurisprudence* (Abingdon, Oxon: Routledge, 2017) 1-8, 1.

133 Neuwirth, *Law in the Time of Oxymora*, *supra* note 67, xiv.

> 감각의 통합은 여러 양상으로 나타난다. 첫째, 감각을 처리하는 과정에서 서로 다른 감각들이 유사한 심리물리적 반응 양식을 보인다는 점을 확인할 수 있다. 둘째, 지각 과정에서는 각기 다른 감각들이 세계에 대한 공통된 정보를 수집하고, 감각 경험의 특성들 또한 서로 닮아 있다. 셋째, 인지적 차원에서는 언어적 은유를 통해 감각 현상들 간의 유사성을 표현하거나 암시한다.[134]

"시각적 청각"(visual hearing)[135]과 같은 언어적 은유 또는 이른바 "공감각적 은유"(synaesthetic metaphors)나 "시적 모순어법"(poetic oxymora)[136]과 같은 표현을 통해 감각의 통합이 언어 속에서 드러나는 방식은 본질적으로 언어를 기반으로 하는 법과의 강력한 연관성을 보여준다.[137] 여러 연구에 따르면 은유는 단순한 "시적 상상력의 장치"에 그치지 않으며, 언어뿐만 아니라 사고와 행동 전반에 걸쳐 우리의 일상에 광범위하게 퍼져 있는 현상이다.[138] 이것은 법학 및 법률 공감각을 연구하는 데 있어 기호학(semiotics)이 핵심적이라는 점을 확인시켜 준다.[139] 기호학(semiotics)은 흔히 "기호와 상징, 특히 언어에서 그것들의 사용을 연구하는 학문"으로 정의되지만, 실제로는 언어를 넘어서는 훨씬 넓은 영역을 포괄한다. 기호는 우리가 가진 다양한 감각을 통해 전달되므로, 기호학은 청각, 시각, 미각, 촉각, 후각 등 모든 감각을 통한 인간의 구조화된 의사소통을 분석하는 데 활용될 수 있

---

134 Lawrence E. Marks, *The Unity of the Senses: Interrelations among the Modalities* (New York: Academic Press, 1978) 182.

135 Sean Day, "Synaesthesia and Synaesthetic Metaphors" (1996) 2(32) *Psyche* 1-19, 1.

136 Yeshayahu Shen and Michael Cohen, "How Come Silence is Sweet but Sweetness is not Silent: A Cognitive Account of Directionality in Poetic Synaesthesia" (1998) 7(1) *Language and Literature* 123-140, 139.

137 Brian Bix, *Law, Language, and Legal Determinacy* (Oxford: Clarendon Press, 2003) 1.

138 George Lakoff and Mark Johnson, *Metaphors We Live By* (Chicago: The University of Chicago Press, 1980) 3.

139 Rostam J. Neuwirth, "Legal Semiotics and Synaesthesia" in Anne Wagner and Sarah Marusek (eds.), *Research Handbook on Legal Semiotics* (Cheltenham: Edward Elgar, forthcoming in 2023).

다.[140] 이와 마찬가지로 기호학은 법 분야에서도 큰 중요성을 가지며, 대부분의 법률가들이 수행하는 업무가 기호 해석을 포함한다는 점에서 기호학적 성격을 지닌다고 할 수 있다.[141] 놀랄 일은 아니지만 기호학은 잠재의식적 메시지(subliminal messages)를 포함한 소비자 광고 분야에서도 매우 유용한 도구로 활용되고 있음이 밝혀졌다.[142]

결국 언어, 기술, 감각 사이의 이러한 다층적인 연관성은 법의 이해와 적용에 있어서도 중대한 함의를 가지며, 이는 공감각적 인식이 갖는 법적 함의를 다시금 상기시킨다. 법에서 감각의 중요성은 결코 간과될 수 없다. 감각은 "현실을 생생한 단편들로 분해한 뒤 그것들을 다시 의미 있는 패턴으로 엮어내는" 과정을 통해 우리가 세상을 이해하는 데 핵심적인 역할을 수행하기 때문이다.[143] 결국 법률 공감각(legal synaesthesia)은 법 이론과 실제 법 적용 모두에 있어서 견고한 토대를 마련해 줄 수 있는 개념이다. 이론적 차원에서 법률 공감각(legal synaesthesia)은 법학 교육과 연구에 유의미한 접근방식을 제시한다. 법실무 차원에서 법률 공감각은 사건을 판단하는 판결 과정과 밀접하게 연결되어 있으며, 이는 국제통상법, 지식재산권법, 문화재 관련 법, 디지털 증거 규범 등 다양한 법 분야에서 특히 유용하게 적용될 수 있다.[144]

---

140 David Crystal, *A Dictionary of Linguistics and Phonetics*, 6th ed. (Malden, MA: Blackwell, 2008) 431.

141 Susan Tiefenbrun, *Decoding International Law: Semiotics and the Humanities* (Oxford: Oxford University Press, 2010) 20.

142 Manuela Epure, Eric Eisenstat, and Christina Dinu, "Semiotics and Persuasion in Marketing Communication" (2014) 13 *Linguistic and Philosophical Investigations* 592-605.

143 Diane Ackerman, *A Natural History of the Senses* (New York: Vintage Books, 1990) xvii.

144 Rostam J. Neuwirth, "International Adjudication and Semiotics" in Hélène Ruiz Fabri (ed.), *Max Planck Encyclopedia of International Procedural Law* (*MPEiPro*) (Oxford: Oxford University Press, 2021) 1-30, Neal Feigenson and Christina Spiesel, *Law on Display : The Digital Transformation of Legal Persuasion and Judgment* (New York: New University Press, 2009) and Elizabeth G Porter, "Taking Images Ser- iously" (2014) 114(7) *Columbia Law Review* 1687-1782.

이러한 특징들 덕분에 법률 공감각(legal synaesthesia)은 인공지능과 첨단 기술이 야기하는 중대한 도전 과제들을 해결하는 데 의미 있는 역할을 할 수 있다는 주장이 나오고 있다. 첫 번째로 제기되는 주장은 법률 공감각이 법이 시각적 감각에 과도하게 의존한다는 이른바 "시각 중심성"(ocularcentrism)에 대한 비판에 가장 효과적으로 대응할 수 있다는 점이다.[145] 법을 모든 감각에 기반하여 접근하는 방식은 기존에 시각과 청각 중심으로 발전해 온 잠재의식적 자극 기법(subliminal techniques)의 적용 가능성과도 밀접하게 연결되며, 전자 혀, 전자 코, 전자 피부 등 새로운 기술의 등장으로 인해 그 영역이 다른 감각들로까지 확대될 것으로 보인다. 이런 점에서 공감각은 우리의 감각을 기술적으로 확장하는 증강현실(AR)과도 유사한 성격을 지닌다.

둘째로, 법률 공감각(legal synaesthesia)은 (국제)법의 파편화로 인해 발생하는 부정적인 영향들을 완화하면서, 법체계 전반의 일관성을 높이는 데 효과적인 "인지적 통합 기법(cognitive de-fragmentation technique)"으로 작용할 수 있다.[146] 인공지능과 관련 융합 기술들이 여러 분야에 걸친 범분야적 과제로 여겨지고 있는 만큼 이는 매우 중요한 의미를 지닌다. 아울러 이것은 법학이 보다 통합적이고 학제적인 접근 방식을 필요로 한다는 주장과도 맞물리며, 이러한 관점은 법 기호학에서도 제시된 바 있다.[147] 이는 특히 인공지능과 잠재의식적 자극 기법(subliminal techniques)이 결합된 상호작용적 광고 분야에서 매우 유의미하고, 이러한 광고는 방대한 데이터 수집, 프로파일링(profiling), 맞춤형 체계에 기반하여 의미론, AI, 경매 이론, 소셜 네트워크 분

---

145 Lionel Bently, "Introduction" in Lionel Bently and Leo Flynn (eds.), *Law and the Senses: Sensational Jurisprudence* (London: Pluto Press, 1996), 3.

146 Neuwirth, "International Adjudication and Semiotics", *supra* note 144 and Luca Pasquet, "De-Fragmentation Techniques" in Hélène Ruiz Fabri (ed.), *Max Planck Encyclopedia of International Procedural Law (MPEiPro)* (Oxford: Oxford University Press, 2021).

147 Anne Wagner, "Mapping legal semiotics" (2010) 23 *International Journal for the Semiotics of Law* 77-82, 78.

석, 데이터 마이닝, 신경과학 등 다양한 첨단 기술 내용들을 통합한다.[148]

셋째로, 법률 공감각(legal synaesthesia)은 학문이 점점 더 세분화되는 시대적 흐름 속에서, 학제적 연계와 과학 전반의 통합적 접근이라는 요구에 효과적으로 대응할 수 있는 접근법으로 제안된다. 13세기 최초의 대학이 설립될 당시 7개에 불과하던 학문 분과가 2012년에는 8,000개를 넘게 되었다는 사실에서 드러나듯, "한 분야의 전문가일수록 나머지 수천 개의 분야에 대해선 거의 알지 못한다'" 비판적 시각이 있다.[149] 이러한 관점은 현재의 시스템이 통제를 벗어났다는 우려와도 일맥상통한다. 일부 전문가들이 인공지능, 나노기술, 빅데이터, 유전학 중 하나의 분야에 대해 잘 알고 있지만, 이 모든 분야에 능통한 사람은 없는데, 이러한 점은 현 체제가 통제를 벗어나고 있다는 우려와도 일치한다.[150] 즉 인공지능은 인간의 지능을 대체하는 것이 아니라, 보완하고 강화하는 방향으로 활용되어야 한다는 의미이기도 하다.[151] 인간의 지능을 지키는 일은 매우 중요하다. 왜냐하면 체스처럼 명확한 규칙과 풍부한 과거 데이터가 존재하는 환경에서는 인공지능이 뛰어난 성능을 발휘할 수 있지만, 규칙이 모호하고 방대한 양의 완벽한 종전 데이터가 존재하지 않는 진정한 개방형 문제 상황에서는 그 성능이 크게 떨어지기 때문이다.[152] 이와 비슷한 현상은 "모라벡의 역설"(Moravec

---

148 Jeff Chester, "Cookie Wars: How New Data Profiling and Targeting Techniques Threaten Citizens and Consumers in the 'Big Data' Era" in Serge Gutwirth et al. (eds.), *European Data Protection: In Good Health?* (Dordrecht: Springer, 2012) 53-77, 53-55.

149 Basarab Nicolescu, "The Need for Transdisciplinarity in Higher Education in a Globalized World" (2012) 3 *Transdisciplinary Journal of Engineering & Science* 11-18, 11.

150 Yuval Noah Harari, *Homo Deus: A Brief History of Tomorrow* (New York: Harper, 2017), 51.

151 David De Cremer and Garry Kasparov, "AI Should Augment Human Intelligence, Not Replace It", *Harvard Business Review* (18 March 2021); https://hbr.org/2021/03/ai-should-augment-human-intelligence-not-replace-it; Garry Kasparov, *Deep Thinking: Where Machine Intelligence Ends and Human Creativity Begins* (New York: PublicAffairs, 2017) 259.

152 David J. Epstein, *Range: Why Generalists Triumph in a Specialized World* (New York: Riverhead Books, 2019) 29.

Paradox)로 불리는데, 컴퓨터는 추론과 같은 인지 과제에서는 인간보다 뛰어난 성능을 보이지만 감각 운동, 지각이 필요한 과제에서는 인간보다 뒤처진다는 내용을 의미한다.[153] 이 같은 결과들은 다음과 같은 그럴듯한 근거를 가진 우려들을 불러일으킨다.

> 문제는 인공지능이 인간을 능가할 정도로 지능적으로 진화할 것이라는 가능성에 있는 것이 아니라, 실상은 그렇지 않음에도 불구하고 우리가 중대한 판단을 그에게 맡기게 된다는 사실에 있다.[154]

인공지능과 관련된 역설의 마지막 사례로는 점점 더 증가하는 데이터 양은 오히려 복잡성을 심화시키고 있다는 사실이다.[155] 아이러니하게도 복잡성의 역설(paradox of complexity)은 인공지능과 빅데이터가 그 원인이기도 하지만, 동시에 그 기술들이 이를 해결할 수 있다고도 여겨진다.

넷째로, 법률 공감각(legal synaesthesia)은 오늘날 기술과 언어에서 나타나는 변화의 흐름과 자연스럽게 부합한다. 이 책 전반에 걸쳐 나타나듯, 인공지능과 같은 새로운 현상을 모순어법이나 역설 혹은 "본질적으로 논쟁적인 개념"으로 묘사하려는 경향이 존재한다. 이것은 이러한 개념들의 기저에 있는 의미에 대한 근본적인 이해가 여전히 미흡하다는 점을 보여주는 동시에, 복잡한 현대 기술 현상은 전통적인 이분법적 사고방식과 이진 논리만으로는 설명하는 데 한계가 있음을 시사한다. 최근 신기술들이 연산 과정에서 퍼지 논리(fuzzy logic) 등을 기반으로 작동하면서, 법의 영역에서도 기

---

153 Hans Moravec, *Mind Children: The Future of Robot and Human Intelligence* (Boston: Harvard University Press, 1988) 15.

154 A quoted cited from a Tweet by the Centre for AI and Digital Ethics (@CAIDE_UoM) (2 December 2021) apparently attributed to Tim Miller (tmiller@unimelb); https://twitter.com/CAIDE_UoM/status/1466242971196526601.

155 Kenneth L. Mossman, *The Complexity Paradox: The More Answers We Find, the More Questions We Have* (Oxford: Oxford University Press, 2014).

존의 이진 논리를 넘어서는 다중값 논리(multivalent logic)와 같은 새로운 논리적 접근 방식들이 점차 주목받고 있다. 고전 논리의 핵심인 비모순 원칙(law of non-contradiction)과 배중률(law of the excluded middle)을 반드시 따르지 않고, 다중값 논리(multivalent logic), 초일관 논리(paraconsistent logic), 비단조 논리(non-monotonic logic) 등 새로운 형태의 논리 체계가 필요하다는 주장이 제시되고 있다.[156] 전통적인 이진 논리의 한계를 넘어설 필요성은 공감각적 은유(synaesthetic metaphors)를 통해 드러나는 바와 같이 서로 다른 감각들이 지각에 기여하는 방식에서도 분명히 드러난다. 이러한 맥락에서 이진 논리는 두 개 이상의 감각들이 충돌하거나 상호 보완적으로 작용하는 복합적인 상황을 설명하는 데 있어, 그 설명 범위 측면에서 분명한 한계를 가진다는 사실이 명확해진다. 결국 메를로 퐁티(Merleau Ponty)의 말처럼 공감각적 지각(synaesthetic perception)이 인간 인식의 기본 법칙이라면, 감각들 간의 상호작용은 이진적이라기보다 다중값적인 성격을 지니는 경우가 많다.

다섯째로, 제시되는 주장은 법률 공감각(legal synaesthesia)이 법에서 시간 개념을 이해하는 새로운 관점을 보여준다는 점이다. 시간은 곧 변화의 정도를 가늠하는 기준으로 볼 수 있다. 변화는 "지속적인 변화"(constant change)라는 모순어법적인 표현에서 드러나듯이, 본질적으로 끊임없이 진행되며 피할 수 없는 현상이다. 이러한 변화의 특성은 법과 법치의 작동 원리에 근본적인 도전 과제를 던진다. 오늘날 사회에서의 변화는 가장 지배적인 요소로 자리하고 있으며, 그렇기 때문에 "현실 세계뿐만 아니라 다가올 세계까지 고려하지 않고는 더 이상 어떤 합리적인 결정도 가능하지 않다"는 주장이 제기된다.[157] 시간과 시간성(temporality)은 일몰조항(sunset

---

156 Henry Prakken, "Logics of Argumentation and the Law" in H. Patrick Glenn and Lionel D. Smith (eds.), *Law and the New Logics* (Cambridge: Cambridge University Press, 2017) 3-31, 3.

157 Isaac Asimov, "My Own View" in Robert Holdstock (ed.), *The Encyclopedia of Science Fiction* (London: Octopus, 1978) 5, 5.

clauses), 넛징(nudging) 등과 같은 실험적 규제 방식에 있어 매우 중요한 의미를 지닌다.[158] 인공지능이 제기하는 윤리적 문제에 효과적으로 대응하기 위해 실험적 규제 형태가 핵심적인 수단으로 주목받고 있으며, 이러한 접근은 「인공지능법」 제57조에 명시된 "AI 규제 샌드박스" 규정에서도 분명히 드러난다. 이와 같은 측면에서 법률 공감각(legal synaesthesia)은 언어를 매개로 법을 새롭게 바라보고 이해하는 데 도움을 줄 수 있다. 현대 언어 대부분은 과거 · 현재 · 미래를 명확히 구분하는 구조를 가지고 있는데, 이러한 언어적 구분이 시간 개념에 대한 포괄적인 이해를 제한하는 결과를 초래할 수 있다.[159] 시간을 새롭게 이해해야 할 필요성은, "시간 관리"(time management)[160]나 "시공간"(space-time)[161]과 같은 용어들이 본질적으로 모순적인 개념으로 해석되는 방식에서도 잘 드러난다. 이러한 맥락에서 공감각은 시간 개념에 대한 새로운 접근을 가능하게 하며, 이는 "시공간 공감각"(space-time synaesthesia)이라는 구체적인 인지적 현상으로 나타난다. 이러한 공감각적 조건은 연중의 월과 같은 시간 단위를 고유한 공간 형태로 경험하는 것을 의미하며, 실제로 존재하는 것으로 확인되었을 뿐만 아니라 시간의 인지적 조직화 및 시간 기반 정보의 처리에 있어 유익한 역할을 수행하는 것으로 밝혀졌다.[162] 이것이 중요한 이유는 시간이 모순어법에 담긴 역설과 모순을 해결하는 데 핵심적인 역할을 해왔기 때문이다. 시간은 현재의 감각 체계로는 감지되지 않지만, 우리가 지각하는 3차원 공간을 완

---

158 Jon Truby et al., "A Sandbox Approach to Regulating High-Risk Artificial Intelligence Applications" (2021) *European Journal of Risk Regulation* 1-29; doi:10.1017/err.2021.52.

159 Carlo Rovelli, *The Order of Time* (New York: Riverhead Books, 2018) 111.

160 Maynard Rolston, *Time Management Is an Oxymoron: Learn How to Get More Done in Less Time* (Leawood, KS: Leathers Publishing, 2001) 86.

161 Robert John Russell, *Time in Eternity: Pannenberg, Physics, and Eschatology in Creative Mutual Interaction* (Notre Dame, IN: University of Notre Dame Press, 2012) 260.

162 Heather Mann et al., "Time-space synaesthesia – A cognitive advan- tage?" (2009) 18 *Consciousness and Cognition* 619-627, 619 and 625.

성하는데 필요하지만 누락되었던 "네 번째 차원"일 수 있다.[163] 윌리엄 셰익스피어(William Shakespeare)의 "이것은 한때 역설처럼 여겨졌지만, 이제는 시간이 그 타당성을 증명한다"는 서술은 그가 시간과 역설 사이의 연관성을 일찍이 간파하고 있었음을 보여준다.[164]

무엇보다 마지막으로 강조할 점은 시간이 현재 AI 규제에 있어 매우 핵심적인 요소라는 것이다. 이는 AI가 단지 현재의 이해당사자들에게만이 아니라 미래 세대에게도 신뢰 가능하고 포용적인 방식으로 자리잡도록 하기 위한 필수 조건이다. 이는 아마라의 역설적 법칙(Amara's paradoxical law)에서도 잘 나타난다. 이 역설적 법칙은 지금 우리가 적절한 행동을 취하지 않는다면 향후 AI 시스템과 기술이 중장기적으로 가져올 변혁적이고 심지어 파괴적인 영향력이 과소평가될 위험이 있음을 경고한다.[165] 이러한 위험을 피하려면 즉각적인 대응이 필요하다. 이것은 AIA, 유럽이사회의 AI 임시위원회(CAHAI)가 추진했던 인공지능에 관한 법적 틀 구상, 그리고 유네스코(UNESCO)의 AI 윤리 권고안이 모두 시의적절했음을 의미하며, 이후 최종 입법된 AIA는 적기에 마련된 결과물임을 시사한다.

---

163 Neuwirth, *Law in the Time of Oxymora*, *supra* note 67, 259 and Charles H. Hinton, *The Fourth Dimension* (London: Swan Sonnenschein & Co., 1901).

164 William Shakespeare, "Hamlet" in John Dover Wilson (ed.), *The Works of William Shakespeare*, vol. 7 (Cambridge: Cambridge University Press, 2009) 3, 62 [*Italics* added].

165 Thomas H. Davenport, *The AI Advantage: How to Put the Artificial Intelligence Revolution to Work* (Cambridge, MA: The MIT Press, 2018) 7.

결 론

결 론

대중에게 형성되어진 습관과 의견을 의도적이고 지능적으로 조율하는 일은 민주 사회 운영에 있어서 핵심적인 요소로 작용할 수 있다. 보이지 않는 사회 기제를 조종하는 자들은 일종의 "은밀한 정부"를 구성하고, 이들이야말로 우리 사회를 실제로 움직이는 실질적 지배 세력이다.[1]

기술이 인간의 삶에 영향을 미치고 방향을 결정해 온 것은 오래된 사실이며, "태양 아래 새로운 것이 없다"는 말처럼 새삼스러운 일이 아니다. 사실상 무에서 유가 창조된다는 개념은 쉽게 받아들이기 어렵다. 하지만 새로운 기술은 언제나 처음에는 그 가능성 때문에 혁신적으로 보이지만, 시간이 지나면서 예상치 못한 심각한 위험 요소들을 드러내는 경우가 많다. 오늘날 AI로 대표되는 신기술의 핵심적인 참신함은 결국 스스로 사고하고 판단할 수 있는 "지능적 기계"의 창조라는 점이다. 우리는 인간의 뇌 깊숙한 곳에 있는 생각과 인지 작용이 은밀히 조작될 수 있다는 위험을 점진적으로 인식해 가는 단계에 있다. 이런 맥락에서 종종 간과되는 사실은 언제나 가장 원시적인 도구조차도 그것을 사용하는 사람의 정신에 일정한 영향을 주어 왔으며, 이는 앞으로도 계속될 것이라는 점이다. 이러한 현상은 개별 기술이 인간 신체의 연장으로 작동한다는 인식과 인간을 자기 운명의 창조자로 바라보는 "호모 파베르"(homo faber)라는 철학적 개념으로 설명될 수 있다. 하지만 역설적이게도 자신의 운명을 진정으로 개척하려면 스스로

---

1 Edward Bernays, *Propaganda* (New York: Liveright, 1928) 9.

정신을 통제할 수 있어야 하고, 동시에 외부의 불필요한 조작으로부터 보호해야 한다. 물론 자신의 마음을 통제하는 것은 개인의 몫이지만, 그 마음이 외부에 의해 은밀하고 해로운 방식으로 조종되지 않도록 하는 것이 사회가 책임져야 할 과제이다.

이러한 상황을 고려할 때 「인공지능법」(AIA)은 "인공지능"으로 통칭되는 현재와 미래 기술들이 야기하는 문제에 대응하는 포괄적이고 중요한 규제 방안으로 높이 평가될 수 있다. 이 법률이 중요한 이유는 오늘날 사용되는 기술 장치나 발명품들조차도 실제로 적용될 때에는 이미 적지 않은 윤리적 문제를 동반하고 있기 때문이다. 서로 다른 시스템, 산업, 기술, 그리고 응용 영역 간의 융합이 점점 더 진행됨에 따라, 이러한 문제는 더욱 심각해질 것이다. 그러므로 AI처럼 강력한 시스템에 대해서는 현재와 미래 세대의 삶에 이미 깊이 뿌리내리고 있고 그 역할이 계속 확대되는 현실을 감안하여, 구속력 있는 법적 틀을 마련하는 것이 타당하다.

따라서 인공지능 시스템의 개발을 구속력 있는 법적 틀 안에서 규율하고자 하는 국가 간의 협력과 유럽연합이사회, OECD, 유네스코 등 다양한 지역 및 국제기구의 병행적인 노력이 오늘날 매우 핵심적인 과제로 평가된다. 따라서 이 책에서 다룬 새로운 기술의 혜택을 전 세계 인류가 공평하게 누릴 수 있도록 하면서도 동시에 인류가 그로 인한 위험과 피해로부터 자유롭거나 안전하게 보호받을 수 있도록 보장하기 위해 전 지구적 차원의 기준이 조속히 마련되어야 한다.

「인공지능법」(AIA)은 미래를 내다보는 비판적 통찰을 잘 담고 있다. 인공지능 기술들은 이점과 더불어서 뇌-컴퓨터 인터페이스(BCI), 기능적 자기공명영상(fMRI)와 같은 신경기술을 통해 인간의 정신과 뇌에 은밀히 영향을 미칠 수 있다는 심각한 위험성을 안고 있다. 과거의 잠재의식적 광고를 금지한 사례와 최근 과학 실험에서 잠재의식적 자극이 인간의 인식뿐만 아니라 행동에까지 영향을 미친다는 결과에 비추어 볼 때, 잠재의식적 자극 기법(subliminal techniques)의 금지 조치는 그 문구의 변경 여부와 무관하게 분명히 올바른 입법 방향으로 모든 국가 및 법역에서 도입될 필요가 있다. 영상 플랫폼에서도 잠재의식적 콘텐츠가 자기계발(예: 자신감, 행복감 또는 동기 부여 증진), 명상, 학습(예: 시험 준비) 등 다양한 목적으로 인기를 끌고 있다는 사실 자체만으로도, 그에 대한 규제적 관심이 요구된다. 더 나아가 이미 잠재의식적 자극 기법을 활용해 개인의 민감한 정보나 사고에 접근하려는 "두뇌 스파이웨어"(brain spyware)와 같은 기술 또는 장치들까지도 존재하고 있다. 따라서 향후 이와 유사한 기술이 개발되기 전에 이러한 위험에 대한 경각심을 제고하는 것이 규제의 핵심적인 역할이며, 이것은 인간의 정신을 부정적이고 유해하며 조작적인 행위로부터 보호하기 위한 필수적 조치라고 할 것이다.

간단히 정리하자면, 「인공지능법」(AIA)을 논의함에 있어 우선적으로 고려해야 할 것은, 그것이 「일반 개인정보보호 규정」(GDPR), 「민사책임 체계 및 제조물책임 지침」(PLD), 「디지털 시장법」(DMA), 「디지털 서비스법」(DSA) 등 기존 및 예정된 다른 규제들과 어떠한 관계 속에 놓여 있는지를 파악하는 것이다. 이와 동시에 경쟁법, 지식재산권법, 국제통상법 등 다양한 법 분야가 어떻게 유기적으로 작동할 수 있을지에 대해 창의적인 재고가 필요하며, 이것은 곧 전체 법체계의 조화와 일관성을 다시 생각해 보는 것과도 연결된다. 이러한 맥락에서 규제자들은 수많은 규제를 양산하기보다는 적지만 잘 조정된 규제를 통해 훨씬 더 나은 결과를 이끌어낼 수 있다는 역설적 진실과 직면하게 되는 것이다.

둘째, 「인공지능법」(AIA)의 전반적인 집행 방안을 구체화하는 것은 물론이고, 특히 잠재의식적 자극 기법(subliminal techniques)을 활용할 가능성이 있는 AI 시스템을 효과적으로 감시할 수 있도록 관할 기관과 기술적 감시 수단을 명확히 설정하는 일은 매우 중요하다. 잠재의식적 광고의 사례를 살펴보면 강한 규제 체계에도 불구하고 집행이 제대로 이루어지지 않는 현실, 그리고 규제 기관은 많지만 실제로 보고되거나 제재된 사례는 적은 구조적인 불균형을 여실히 알 수 있다. 만약 이와 같은 조치가 취해지지 않는다면 해당 조항은 사실상 무력화되고 실효성을 상실하게 되며, 이것이 향후 이러한 범주에 속하는 AI 시스템 개발시 어떠한 영향을 미칠 것인지를 예상하기 어려울 것이다. 다시 말해 잠재의식적 자극 기법을 탐지하기 위한 감시 기술의 사용과 개인에 대한 감시 목적의 기술 사용 사이에 존재하는 현재의 불균형 역시 시정되어야 할 과제이다. 이러한 문제는 "감시 자본주의"(surveillance capitalism)라는 개념에서 명확히 드러나는데, 이 개념은 인간의 모든 경험을 무상의 원자재로써 일방적으로 수집하고 행동 데이터로 전환하여 활용하는 구조를 비판한다.[2]

셋째, 인간 삶 속에서 잠재의식적(subliminal) 및 초의식적(supraliminal) 지각이 미치는 역할에 대한 분석과 논의는, 인간의 정신이 삶과 과학, 기술, 법 전반에서 중심적 역할을 담당하고 있음을 명확히 보여준다. 이와 관련하여 언어에서 관찰되는 변화의 양상 —예컨대 모순어법 및 역설 표현의 빈번한 사용— 은 최신 기술의 변화 흐름과 궤를 같이하며, 근본적인 패러다임의 전환이 임박했음을 나타낸다. 그리고 "법률 공감각"(legal synaesthesia)이라는 용어에서 드러나듯, 이러한 변화들은 이원적 사고방식이나 이진 논리에 기반한 전통적인 한계를 넘어서, 법의 개념화 및 법 적용 방식 전반에 걸친 근본적인 변화를 요구하고 있다. 제도의 구조는 단지 필요성만으로 변화하지 않으며, 실질적인 인식의 변화가 선행되어야 현재와 미래의 요구에 맞게끔 개편될 수 있다는 점이 밝혀진 것이다.

위에서 논의한 요소들을 종합적으로 고려할 때 「인공지능법」(AIA)과 잠재의식적 자각 기법(subliminal techniques) 금지 조항은 국제적 공론의 장을 여는 유용한 출발점이 될 수 있음이 분명하다. 이는 보다 초학제적인 융합

---

2 Shoshana Zuboff, *The Age of Surveillance Capitalism: The Fight for a Human Future at the New Frontier of Power* (New York: PublicAffairs, 2019) 8.

연구를 촉진하는 동시에, 인간의 사고를 외부의 위협으로부터 보호하기 위한 보완적 조치를 마련할 것을 촉구한다. 숨겨진 유해한 개입으로부터 벗어난 인간의 사고는 시민의 사적 사유, 곧 마음의 프라이버시를 지키는 데 반드시 필요하다. 만약 이를 지키지 못한다면 조지 오웰이 예견했던 1984년은 사생활의 종말을 넘어 사유의 자유 자체가 종식되는 해로 기억될지도 모른다.[3] 그렇기에 사상의 자유는 인간의 "자유의지"(free will), 즉 자율적인 의사결정을 가능하게 하는 가장 본질적인 전제로서, 지금보다 훨씬 더 큰 주목을 받아야 한다. 자유의지는 인간이 자율적으로 결정을 내릴 수 있는 능력의 표현이며, 디지털 시대에 인간 존엄성을 유지하기 위한 핵심 요소로 반드시 지켜져야만 한다.

---

3 George Orwell, *1984* (New York: Signet, 1950) 156.

색인(한영)

ㅈ

ㅎ

색인(영한)

C

D

E

F

J

K

L

M

N

O

P

R

S

T

U

V

W

The EU Artificial Intelligence Act by Rostam J. Neuwirth
Copyright © 2023 Rostam J. Neuwirth
The right of Rostam J. Neuwirth to be identified as author of this work has been asserted in accordance with sections 77 and 78 of the Copyright, Designs and Patents Act 1988
All rights reserved.
Authorised translation from the English language edition published by imprint, a member of the Taylor & Francis Group
Korean translation rights © 2025 Parkyoung Publishing Co.
Korean translation rights are arranged with Taylor & Francis Group through AMO Agency, Korea.
이 책의 한국어판 저작권은 AMO 에이전시를 통해 저작권자와 독점 계약한 박영사에 있습니다.
저작권법에 의해 한국 내에서 보호를 받는 저작물이므로 무단 전재와 무단 복제를 금합니다.

잠재의식적 AI 시스템에 대한 규제

유럽연합 인공지능법

초판발행 2025년 9월 25일

지은이 ROSTAM J. NEUWIRTH
엮은이 명순구 · 이성환 · 류채연
펴낸이 안종만 · 안상준

편 집 김선민
기획/마케팅 김한유
표지디자인 벤스토리
제 작 고철민 · 김원표

펴낸곳 (주) 박영사
서울특별시 금천구 가산디지털2로 53, 210호
(가산동, 한라시그마밸리)
등록 1959. 3. 11. 제300-1959-1호(倫)
전 화 02)733-6771
f a x 02)736-4818
e-mail pys@pybook.co.kr
homepage www.pybook.co.kr
ISBN 979-11-303-2482-1 93360

copyright©명순구 · 이성환 · 류채연, 2025, Printed in Korea

* 파본은 구입하신 곳에서 교환해 드립니다. 본서의 무단복제행위를 금합니다.

정 가 18,000원